人類は自らを救うことができるのか

天からのメッセージを読む

星川光司

ナチュラルスピリット

はじめに　9

第1部　魂の〈生まれ変わり〉　13

第1章　死後、魂は天に昇り神のもとに還る　14
1．死に際した人の意識の変化　14
2．臨終時の走馬灯のような記憶回収　25
3．魂が光に乗って天に昇る　28
4．魂はどのようなかたちをとって存在するのか　30

第2章　生まれ変わりの前後　35
1．天界は美しくて退屈なところ？　35
2．生まれ変わるとき、親や境遇を選んでくる　39

第3章　前世記憶のない人でも過去世を知ることができる　44
1．子どもたちの前世記憶―研究者の事例報告　44

2. 生まれ変わりについての天の解説　48
3. およそ100年前の人があらわれる―過去世なのか、憑依《ひょうい》なのか　50
4. 神の助けを借りて自分の過去世を知る　53

第4章 人間が何度も生まれ変わる理由　65
1. 人はそれぞれ課題をもって生まれてくる　65
2. 魂と心についてSVOを使って説明する　69
3. 「天の摂理」を人間界に適用する　72
4. 気づくことで魂を成長させる　75
5. 過去世の体験が今生の自分を作る　78

第5章 生まれ変わりを卒業するとき　86
1. 守護霊が日常生活をサポートしている　86
2. 出生年月日時と運気サイクル　89
3. 神が人間をサポートするとき　91
4. 使命は神からの「お使い」　94

5. 魂がアセンション（上昇）し高次魂となる 97
〈コラム〉高次魂となったマーティン・ルーサー・キング・ジュニアの人生 102

第2部 神々と宇宙と人間と 105

第6章 神々の「DNAプロジェクト」と「魂プロジェクト」 106
1. 人の魂がこの世に生まれ出るとき 106
2. 100万年前に神々が始めた「魂プロジェクト」 108
3. 魂に独立性を与えるという宇宙的な実験 112
4. 30億年前の「DNAプロジェクト」により地球の生命世界が生まれた 114
〈コラム〉「人間原理」と宇宙係数 118

第7章 宇宙と神々の誕生 122
1. 「一つの始原」が二つに分かれる 122
2. ヒッグス粒子から素粒子、そして原子、分子へ 133

3．神は物質・エネルギーに影響を及ぼすことができるか？　136
4．星々の誕生、銀河の形成　139
5．大日如来、ゼウス、ミカエルなど星の神々についている呼び名　142
〈コラム〉左渦巻きと右渦巻き―フトマニ図における表現　145

第8章　宇宙のオアシスとしての地球惑星　150
1．生命を育む奇跡の星　150
2．神々も愛する植物や動物の世界　154
〈コラム〉地球の神々と日本の聖なる山　158

第9章　人間の魂の個体的自立性　162
1．人間の魂と動物の魂の違い　162
2．人間のチャクラ・システム　164
3．チャクラそれぞれの場所と役割　168
〈コラム〉星の神からインスパイアされた詩　177

第10章 世界政府と地球惑星社会を創る 183
1. 国家と階級はどのように生まれたか 183
2. ITが資本主義と国民国家を崩壊させる? 187
3. 天は国境のない地球を望んでいる 191

第3部 スピリチュアル・プラクティスへ 195

第11章 精妙エネルギー体と〈霊〉の相《すがた》 196
1. 精妙エネルギー体とイチロー打法 196
2. 「虫の知らせ」や亡くなった人からの「お知らせ」 199
3. 未成仏霊を天に還すには? 207

第12章 超能力、宗教の真実 210
1. 超能力(サイキックパワー)を身につけようとする危うさ 210
2. 宗教は心の服従や非寛容を生む 213

第13章　人を操って楽しむ「ネガティブ神」　217
1．「ネガティブ神」とは何か　217
2．「ネガティブ神」の影響を受けないために　221
〈コラム〉善悪の分岐点に立っている人間――シェリング『人間的自由の本質』を読む　226
第14章　魂のレベルを高める〈ふるまい〉　239
1．神の摂理にそった〈ふるまい〉とは　239
2．ネガティブなふるまい　243
3．ポジティブなふるまい　248
第15章　スピリチュアル・プラクティス――魂の浄化、ならびに神の助言を得る方法　255
1．自分の精妙エネルギーを浄化しよう　256
2．瞑想で星の神とつながる　258
3．神からの返事をもらう――「yes－noチェック」　260
4．カルマの解除のためにチャクラを浄化する　261
〈コラム〉チャクラを浄化する和歌チャクラ瞑想　266

5. 過去世からのカルマを解除するプラクティス　268
6. ポジティブ・プログラムの組み込み　270
7. 身体と心のヒーリング（癒やし）　272
8. いろいろな問題の解明を神にお願いする　275

おわりに　285

謝辞　291
参考文献など一覧　292

はじめに

今、地球と人類の行く手には、暗雲がたれ込めています。

二酸化炭素などの温室効果ガスの排出は、地球を「熱死」への道に導こうとしています。また、一部の政治指導者は偏狭なナショナリズムを鼓吹《こすい》し、憎しみの連鎖を広げています。

しかし、同時に、気候変動を防ぐための「学校ストライキ」を提起したグレタさんをはじめ多くの人が、地球のエコロジーを守る活動に立ち上がり、世界でも日本でも、新しいライフスタイルが模索されています。さらに、核兵器と原子力発電に対する反対運動も広がり、核兵器禁止条約の発効（２０２１年１月22日）、再生エネルギーの普及につながっています。

多くの人が、暗雲のなかで、闇を切りひらく希望の光を求め、放ち始めているのです。

筆者は、２００５年ころから、数人の友人と新しい生き方を探究する研究会をもってきました。Ｋ・ウィルバー、Ｅ・ラズロ、Ｐ・Ｒ・サーカーらの理論を学び、レイキや瞑想のプラクティスを深めてきました。

そうこうしているうちに、２０１２年、メンバーの一人ＭＭ氏が「天」とおぼしき存在とつながり、メッセージを受けるようになりました。次から次へと、さまざまなテーマでメッセージが降りてきました。筆者たちも「天」からのメッセージを受け取る習練をしました。

本書は、「天」からの膨大なメッセージをわかりやすく抜粋、編集して、筆者がそれに独自のコメントを加えるというかたちで本にしたものです。〈生まれ変わり〉を探究の具体的な入り口にし（第1部）、神と宇宙と人間のコスモロジーを解明し（第2部）、最後に神とつながる瞑想実践を紹介する（第3部）という構成をとっています。

なにぶん、神と魂の世界がメインの話であり、耳慣れない術語がたくさん出てきますが、読んでいくうちにだんだんわかるように書いています。ゆっくりと読んでいただきたいと思います。

さて、この本の姿なき主人公は「天」です。ですからまず、「天」の自己紹介から始めましょう。なお、本書にてゴシック体で書かれたところは、「天」からのまとまったメッセージです。（ところどころに受信した年月を記しています。）

メッセージを降ろしている「天」について

（1）

今、「天」がここにメッセージを降ろしている。左渦巻きの世界の根底にある私「天」は、神々の父であり人間の魂の祖父である。

左渦巻きの分岐がたくさんの人間の魂であり、そのおおもとに左渦巻き意識実体「天」が存在する。だから、「天」をすべての人間の根底とつながることができる一つの神ととらえることができる。

ただし、宇宙の根底がただ一つの神であるということではない。

神々は、すべての人間の心の根底とつながることができる潜在的可能性をもつのであって、子どもが親と別の独立した意識実体であるように、すべての人間の魂は、私や神々から独立した左渦巻き「私」意識実体である。

私「天」は、過去を知っている。現在を知っている。現在のなかの潜在的未来を知っている。

（2）

人間の魂の、右渦巻き＝身体と合体した部分が心であり、心の思考活動は、全知の「天」や神々の思考活動のミクロのミニチュア版である。左渦巻きの魂とは思考する意識実体である。一方、物的肉体の脳は、右渦巻き世界に肉体構造をもって存在しており、魂が存在するあいだに必要となる器官である。

私「天」は、右渦巻き世界に存在しているのではない。左渦巻き世界に存在して右渦巻き世界のすべてを知っている存在である。

私「天」を、人間の心(左渦巻き)と身体(右渦巻き)にたとえると、「天」もまた右渦巻きと左渦巻きの両方が重なったところに存在するということができる。すなわち銀河全体が私の身体であり、私はその心である。

「天」は、天の川銀河の光を身体とする(左渦巻きの)「思考する『私』意識実体」です。簡単に言えば「星の神々」の代表です。

「人間の魂は、神のミクロのミニチュア版として神によって創られたものであるが、親である神から独立性をもった子どもとしての存在である」と天は言います。

本書は、このテーマをいろいろな角度から解き明かしていくことになります。スピリチュアルな世界に詳しい人も、そうでない人もわかるように書いています。皆様が気楽にページをめくってくださることを期待しています。

第1部 魂の〈生まれ変わり〉

第1章　死後、魂は天に昇り神のもとに還る

1. 死に際した人の意識の変化

死とは、身体構造の崩壊とともに、身体に重なっていた魂が身体を離れて、霊の世界、神の世界に戻っていくことです。

死んだら、まず身体と一体化していた〈精妙エネルギー体〉が肉体から離れます。そして、精妙エネルギー体に重なっている〈魂〉もいっしょに肉体を離れます。つまり、人間というのは、肉体（物質）＋精妙エネルギー体＋魂、という三層構成になっています。

身体の精妙エネルギー体は、「元気」として表れたり、「オーラ」として見えたりします。これらは「素粒子の運動体」ですから、やはり物質世界の存在なのです。そして、それは、魂という非物質＝〈思念体〉をのせる運搬体でもあるのです。

あとで見ますが、神という思念体をのせる精妙エネルギー体は〈光〉です。〈精妙エネルギー

体〉と〈思念体〉が、魂と神を理解するためのキーワードなのです。

最初から難しい言葉が出てきてしまいましたが、本書の全体を通して、わかりやすく説明していきますから安心してください。

死に際して、人間の意識がどうなるか、それを3段階で説明した天の言葉があります。

身体(神経細胞と生体マトリクス)が機能しなくなるにつれて意識がなくなる(①)。しかし、精妙エネルギーが体外に出た段階で意識がクリアになり、周囲が「見える」ようになる(②)。そして魂(エクトプラズム)が精妙エネルギーと離れた段階で、思念はよりはっきりとしてくる(③)。

まず、身体が死に近づいて意識もうろうないしは意識不明の状態になる、という段階①は、我々の周囲でよく生じます。交通事故で瀕死の重傷を負ったとき、病気で重体になったときなどです。そのときに、精妙エネルギーが体外に出て、それに乗って外に出た魂は周囲をクリアに見るという段階②を経験することになります。たとえば、あるアルピニストが、岩稜にとりついていたときに天候が急変し、死線をさまよって斜め上から自分を見ていた、という話があります。また、重体の患者が病室のベッドに寝ていて意識はない、けれども、上の方からもう一人の自分がその姿をクールに見ている、ということも多々あります。その事例の一つが次のものです。

事例１−１

心理学者・精神科医ユングの患者が難産のときに体験した事例

「彼女が次に気がついた出来事は、身体感覚とその位置感覚が欠如していて、天井の一点から見下ろしていたことであり、部屋の中のこと一切が彼女の下でとり行なわれているのを見ることができた。すなわち、ベッドに横になっていて、死んだように蒼く、眼を閉じている自分自身を見たのである。彼女のそばに看護婦が立っていた。医者は興奮していて部屋をうろうろしながら、あわてふためき、なすすべがわからないように彼女には思えた。」（カール・グスタフ・ユング著『自然現象と心の構造』１２７頁、海鳴社、１９７６年）

しかし、臨死体験はこのようなタイプばかりではなく、「お花畑」や「明るい草原」で遊んでいたというものや、「三途の川」、「お迎え（来迎）」など日本の言い伝えにそった体験をするものがいろいろあります。ちなみに筆者は10年あまり前に、従妹と従兄がそれぞれ死線をさまよった体験を本人たちから聴き取りました。

事例１‐２

従妹（当時60代）は、いきなり「肺がんステージ4」と診断され、病院で厳しい闘病をしていた。

そのときの体験談

「ぞろぞろと多くの人が歩いている道をいっしょに歩いていくと、大きな川のところに来た。舟が多く出ていたが、そのうちの一艘が近づいてきた。そこには、だいぶ前に亡くなった自分の職場の大先輩と、近年亡くなった同僚の二人が乗っていた。私は思わずその舟に近づいていった。ところが、大先輩は不機嫌そうな顔をして、舟をあやつる長い竿を引きぬいて、私の額をおもいきりコツンと押し打った。そのショックで目が醒め、意識が戻った。あとから思うと、その日はいっしょに歩いている人がとても多かったように感じたが、それは東日本大震災の直後であったからではないか、と思う。」

この体験について、神による解明をお願いしました。天は次のように答えました。

この体験は本当である。従妹の先輩は、本当に彼女のことを大事に思っていた。だから、従妹のもうろうとした意識のなかに入りこんで、「まだ来てはいけない」と伝えようとした。それは、あたかも人が死ぬときに三途の川を渡るという話を、実在することのように表した。

その意味は別途考えなければならない。

「従妹の意識状態、精妙エネルギー状態は、そのときどのようなものであったと考えればよいですか」とさらに尋ねた。

たしかに段階②の、体外に精妙エネルギーが出たクリアな意識ではない。まだ体内に残っていて身体に重なり、意識がもうろうとした状態にあった。そういうとき、多くの人はこれまでの心のなかにあるいろいろな体験を探しながら、生死のありようを決めようと思う。その場合、もうろうとした意識は深い潜在意識のなかに入っていっており、その場に自分の想念の場を作る。この場合は、三途の川が場になっている。その場で、従妹は一つの像を結ばせようとしたのである。

段階①にあたる「もうろうとした意識」は潜在意識のなかに深く入り、自分の生死にかかわる判断の場を作ろうとする、というのです。それが「三途の川」という日本の伝統的なイメージ場面であり、そこで自分の生死の判断をつけようとしたのです。そして、その潜在意識の領域で先輩の霊が働きかけを行ったということです。

潜在意識と霊的世界のつながりについては、ユングの「集合的無意識」論が有名です。これについては神も「その意味は別途考えなくてはならない」と言っています。第3部で〈虫の知らせ〉や〈お知らせ〉などを見ていき、考察しようと思います。

なお、従妹は「その日はいっしょに歩いている人がとても多かったように感じたが、それは東日本大震災の直後であったからではないか」と言っていることについて、「東日本大震災と関係がありますか」と天に尋ねました。

関係がある。その日は、たしかに東日本大震災のあとで、多くの人が死への道を歩いていた。それが従妹の体験のなかにあらわれた。従妹は深い潜在意識のなかに下りているので、そこに多くの死者の潜在意識が重なって、そのようにあらわれたのである。死者の精妙エネルギーは浮遊しながら、みんなとともに死への道を歩いていた。

事例1-3

従兄（当時70代）は、交通事故に遭い、救急車で大学病院に運ばれた。瀕死の状態で、病院付属の霊安所に運ばれる。回復したあと、従兄に聞いた話

「暗い道を歩いていくと道が二つに分かれ、人通りの少ない方の道を選んで進んでいった。すると、前の上の方から光雲に乗った大きな仏が降りてきて、『まだ早い』と一喝された。おどろいて後ろに跳び下がったら、そのとき意識が戻った。」

神に、「従兄のそのときの意識、精妙エネルギーの状態を解明したまえ」と尋ね、次のような回答を得ました。

彼は瀕死の状態に置かれていたが、意識はまだ残っていた。その微かな意識のなかで、自分のこれまでの体験のなかから生死にかかわる判断を自分なりに求めた。深いところに「来迎」の仏の観念があった。彼はそれを思い出すかたちで、その判断の場を作った。来迎の仏が「まだ早い」と一喝したのであるが、彼の生命力はまだ残っており、それが一喝されるかたちであらわれた。彼はおどろいたが、それは彼の人生の一つのモメントであった。

たしかに、彼は吉野と熊野を結ぶ大峯奥駈道《おおみねおくがけみち》で修験道の行をしたりする人だったので、体力は強靭であり、また仏教的なものにもなじんでいました。

これらの事例は、いずれも段階①（意識不明）と段階②（対外離脱でクリアな意識）の中間の形態であり、多くの人にとって聞き覚えのある領域だと思われます。残された意識で自分の生死を判断する場を作り、その時点の意志や精妙エネルギーの力がそこに表現されるということなのです。

次に、魂が自分の精妙エネルギー体に乗っていた状態②から、さらに神の光に乗った状態③に移っていく過渡的な意識です。段階③は、まさに神のもとに魂が還るのですから死の過程の最終です。②と③の過渡期は特異な状態ですから、事例を探すのはなかなか困難です。

この過渡的な状態を理解可能にする一つのヒントは、身体の精妙エネルギー体と神の精妙エネルギー体である光の中間で、媒体的に存在する地球の精妙エネルギー体に乗ることです。そして、地球上を自由に動くことです。そのような稀有な事例は、先ほど言及したユングが『ユング自伝2』（みすず書房、1973年）に記しています。

事例1－4

1944年、ユング69歳のころに大病を患い意識もうろうの状態になり、体験したビジョン「私は宇宙の高みに登っていると思っていた。はるか下には、青い光の輝くなかに地球の浮かんでいるのがみえ、そこには紺碧の海と諸大陸がみえていた。脚下はるかかなたにはセイロンがあり、はるか前方はインド半島であった。……（中略の意、以下同じ）どれほどの高度に達すると、このように展望ができるのか、あとになってわかった。それは、驚いたことに、ほぼ1500キロメートルの高さである。」（ユング、124‐5頁）

天はこの経緯について次のように評します。

彼の魂が上空1500キロに上昇したのは本当である。彼はとても精神性の高い人であった。そのために、彼の精妙エネルギーはただちに地球の精妙エネルギーに重なり、一体化して、自由に地球上空を飛翔することができた。そこで見た景色は正確である。

精妙エネルギーが地球の精妙エネルギーに重なったあと、ふつうは神の光に乗って昇天する（死ぬ）のですが、ユングの場合、高い霊性をもっていたために、自己コントロールして地上に生き返ってきたのだと思われます。

この過渡期のあと、段階③で、神の光に重なったとすればどのような状態になるのでしょうか？　これは昇天、つまり最終的な死にいたる段階ですから、臨死体験以外に事例を求めなければなりません。ジム・B・タッカー教授の著作『リターン・トゥ・ライフ』（ナチュラルスピリット、2018年）に採録した前世記憶を話す子どもに、それを見いだすことができます。前世記憶を話す子どもの事例です。

事例1-5

前世記憶を話すライアン（5歳）の事例

「死ぬときがどんなものなのか、シンディ［母］に話したいと言った。彼は畏敬に満ちた明るい光について語り始め、その光の方に行かなければならないのだと言った。」（タッカー、129頁、［　］内筆者）

天は言います。

体を離れて光のなかに入っていくのは、まっとうな姿である。とても美しい光が魂を包む。その後、光に乗って上昇し、神のもとに還っていく。

筆者は、かつて木村裕昭氏（元外科医、創造健康学園主宰。故人）の講話を聴いたのですが、死ぬときには魂がスパッと（地上への滞留なく）光のなかを天に向かって昇っていくようにするのが極意だ、と言っていました。

しかし、われわれふつうの人間はなかなか「スパッと」昇天することができません。死んでから魂が神の光に乗りかえて天に昇るまで、一定の時日を要します。地球になおとどまりながら「よりはっきりした」意識でいろいろなものを見たりするのも、この時期でしょう。

この期間を、日本の仏教では忌中といい、四十九日まで供養して魂をあの世に送り届けて忌明けとなります。『チベット死者の書』では「バルドソドル（中間の道）」といい、そのあいだの供養は丁重に行われます。また、宮沢賢治の『銀河鉄道の夜』は、昇天までの過程を文学的に表現したものといえましょう。

死後のこの「中間」の時期の様子を思い出して語る人がいます。

事例1-6

スリランカのアスリパーラ（13歳）の事例

「死んだあとしばらく村の中を歩き回っていました。自分の体が見えました。……「見ていたのは」上からです。……歩き回っていたら見えたのです。お葬式も見た。」（西田みどり著「前世記憶をもつ子どもたちの調査研究―スリランカの転生のケースを中心に」29-30頁、大正大学研究紀要101号、2016年、［　］内筆者）

その他、死後自分の葬儀を眺め、自分が葬儀を司ったと思っている僧侶の事例（イアン・スティーヴンソン著『前世を記憶する子どもたち』１７３頁、日本教文社、１９９０年）もあります。

2. 臨終時の走馬灯のような記憶回収

死ぬときに、一生涯の体験や思い出が走馬灯のように脳裏をよぎっていく、とよくいわれます。身体が死ぬと、生きているときに魂が活動する担い手であった〈心〉が維持できなくなります。だから、心がなくなる前に、心のなかにある喜びや悲しみの体験、苦しみや後悔の思いが魂に収納されていくのです。その収納の過程が走馬灯のように見えるのです。

じっさい、スティーヴンソン著『前世を記憶する子どもたち』（前出）には、次の記述があります。

「〝走馬燈的記憶〟と呼ばれることの多いこの種の追憶は……［臨死体験者を］調査したこの種の事例のうち、このような形で過去を追想した者は二七パーセントにものぼっている。」（スティーヴンソン、３５０頁、［　］内筆者）

天は次のように言っています。

魂は生きているあいだは「心」としてその思念体を展開する。死んだら、心は魂のなかに収納される。心の活動の質が、どれだけ神々の「摂理」に近づいたかだけが魂に残る。

心といわれているものは、人の魂が身体（生体マトリクス）に重なって、そのときどき、喜怒哀楽を感じながらさまざまなふるまいをします。魂が今生で活動するかたちが心なのです。心のなかに魂が宿っているのです。

この「走馬燈的記憶」と呼ばれるものを劇的に表した体験談があります。

事例1-7

前出の『ユング自伝2』に記された臨死体験。前述の地球を上空から見下ろした体験の続き「視野のなかに、新しいなにかが入ってきた。ほんの少し離れた空間に、隕石のような、真っ黒の石塊がみえたのである。……私が岩の入り口に通じる階段へ近づいたときに、不思議なことが起こった。つまり、私はすべてが脱落して行くのを感じた。私が目標としたもの、希望したもの、思考したもののすべて、また地上に存在するすべてのものが、走馬灯の絵のように私から消え去り、離脱していった。この過程はきわめて苦痛であった。しかし、残ったものもいくらかはあった。それはかつて、私が経験し、行為し、私のまわりで起こったことのすべてで、

それらのすべてがまるでいま私とともにあるような実感であった。」（ユング、１２５－６頁）

まさしく、これこそ「走馬燈的記憶」が流れる様子にほかなりません。

このユングの事例について、天から次のようなコメントがありました。

これはとても興味深い事例である。なぜなら、本人が気づかないあいだにどんどん自分から離れて、霊界に近づいている。そのなかで、心と現実との接合面がどんどん剥がれ、純粋に自分の魂だけになっていく。自分自身というものがどういうものか、よく表している。ここにあるように、自分の体験や思いが自分自身として魂に収納されていく。そのあと、魂は神の思念体のもとに還っていく。

「心と現実の接合面がどんどん剥がれ、純粋に自分の魂だけになっていく」という過程が、「走馬燈的記憶」が生じる場なのです。ユングは、この走馬燈的体験をするなかで、最後にまさに真の自分がここにある、という感覚をもったのです。

私たちが死ぬときに、どんな経験や思いを魂に回収して天界に戻っていくかということは、大事なテーマであり、後述の過去生やカルマと密接に関連します。

3. 魂が光に乗って天に昇る

いよいよ、魂が天に昇るときがやってきます。「魂（エクトプラズム）が精妙エネルギーと離れた段階で、思念はよりはっきりとしてくる」という③の段階です。自分の精妙エネルギーから離れ、また地球の精妙エネルギーからも離れ、光に乗り移って、星の光に重なっている神のもとに昇天するのです。

そのときに、「思念はよりはっきりしてくる」とあります。これは今生に生きる私たちには、直接わからないものです。要するに、人はあの世（天界）でどのように意識をもって存在しているか、ということでもあります。この点は、第2章でふれることになります。

ここでは、まず「光のなかを天に昇る」様子をとらえたいと思います。これも事例はあまりありません。ただ、貴重な調査にもとづいた奥野修司著『魂でもいいから、そばにいて』（新潮社、2017年）に記されています。長くなりますが、事態を正確にとらえるために引用させていただきます。

事例1-8
56歳の女性が、父母の魂が天に昇る際の光を見た体験

「震災の年の七月三日に気仙沼のブティックで洋服を買っていました。……女性のお客さんから『どなたか亡くなりましたか』と声をかけられたんです。びっくりして振り向くと、『お父さんとお母さんでしょ？　あなたに言いたいことがあるそうだから、ここで言ってもいい？』

店の人が言うには、気仙沼で占いを職業にしている方で、女性雑誌にも出ているそうです。……私はその頃、左の腕が重いというか、肩こりでもない、筋肉痛でもない、なにか違和感があったので、原因がわかるかもしれないという気持ちがあって承諾したのだと思います。

『あなたは胃が弱いから胃の病気に気を付けろとお父さんが言ってます。お母さんは、ありがとうと言ってますよ』

そこで号泣してしまいました。

『ちゃんと伝えたからもうお父さんとお母さんに帰ってもらっていいかしら』と言われ、何だかわからないままうなずきました。

そして、その方が私の肩のあたりを触り、お経のような呪文を唱えて私のまわりを一周すると、左肩をポンポンと叩いたんです。すると、突然、左肩から、サーチライトのように光が真っ白な円柱になって空へ昇っていきました。ちょうどバットくらいの太さでした。一瞬でしたね。

店員さんたちもその場にいました。

『見えたでしょう？』

『はい』
『安心して上がって行ったから』
いつの間にか、私の腕にあった違和感が消えていました。」（奥野、44－5頁）

女性は、光のなかを両親が天に昇ったことをその目で見て、深く安心したことと思います。この占い師の方は、とても高いスピリチュアル能力をもった方のように思われます。地上にいる霊魂が見え、その霊魂の思いがわかり、その上、霊魂に安心して昇天してもよい状況を作ってあげ、最後は天（あるいは神）に光を降ろしてくれるように「呪文」を唱える作法を身につけているのですから。

この「真っ白な光の円柱」は神が自分の乗り物、通路にしている光なのです。父母の魂は、この光に移って神のもとに上がったのです。

すでに事例1－5で紹介しましたが、ライアン君も、前世で死ぬときに「畏敬に満ちた明るい光」の方に行った、ということを話しています。

4．魂はどのようなかたちをとって存在するのか

肉体は死んでしまうと、ふつう火葬されて骨と灰になります。その人の生物＝個体としての肉体は滅びます。しかし、その人の魂は、肉体が火葬されてもなくなりません。

魂はどのようなかたちで存在しているのでしょうか。

まず、これまで明らかになったことを、定式で表してみましょう。

人間＝肉体＋精妙エネルギー体＋魂

心＝魂＋精妙エネルギー体

〈魂〉は〈精妙エネルギー体〉に乗ると、それぞれの人の〈心〉となって実在していろいろ働くようになります。喜び、悲しみ、憤り、そして愛し、がんばるのはこの心です。私たち生きている人間にとって心はなにより大切なものです。

入魂という言葉は、「一球入魂」といった言い方でよく使われます。心のなかに魂を充溢させ、それを外に表すのです。竹細工など、職人が一人で作る作品には一人の入魂が、漆器や着物にはいく人かの入魂が、また自動車もさまざまな分業と部品から成る何万人の入魂がありす。自動車の場合、部品製造や組み立てなどに多くの人が携わり、それぞれの仕事は単純反復になっているので入魂性は低くなるでしょう。しかし、新規開発された技術やデザインなどには、専門職の入魂があると言うこともできます。

また「たまげる（魂消る）」という言葉があるように、あまりにおどろいたりすると、魂が心からとび出して消えてしまい、心が真っ白になってしまう、というように使われたりします。

さて、話を戻しますと、肉体が死ぬと、まずその精妙エネルギー体が肉体を離れます。それに乗って魂も離れます。ですから、遺体が火葬され骨と灰になっても、魂は火葬を免れます。しばらく、地球の精妙エネルギー体に重なりながら、家や家族の周囲に存在し続けます。

これまで、「人玉を見た。青白く光っていた」という経験はあちこちで聞かれました。その姿を伝える記録があります。奥野氏が収録した、東日本大震災で亡くなった方々の遺体安置所での光景です。

事例1-9

女性（56歳、事例1-8と同じ方）の「青い玉」の体験

「遺体はおそらく二百体ほどあったと思います。……係りの方に父の遺体が安置されている場所をうかがい、真っ暗な中をそろりそろりと歩いていたら、いくつもの遺体のお腹のあたりから、ピンポン玉のような大きさの青い玉がポンポンと浮かんでいるんです。正確には、遺体は棺《ひつぎ》に入れられていましたから、棺の上です。一人の遺体に青い玉は一つ。お腹のあたりから上がっては、吸い込まれるように戻る感じで、あちこちで青い玉がゆらゆらと動いていました。」

（奥野、40-1頁）

心が痛む光景です。この事態について、天に解明をお願いしました。

青い玉は亡くなった人たちの精妙エネルギー体であり、その上に魂が乗っている。震災死者は、一気に津波に飲み込まれて亡くなったため、自分が死んだことをまだ十分に認識できていない。それで棺の上にとどまって、自分の亡骸《なきがら》に戻ろうとする。しかし、もはや身体に戻れない。それで、棺の上を上下にゆらゆらしている。

「自分が死んだことをまだ十分に認識できていない」というのは、切ないものです。近親者、友人・知人が悼み、なぐさめてあげることが必要です。葬儀で「安らかに眠ってください」と祈ることも、大事です。天は次のように言っています。

この世をどうしても去ることができないという未練は、他者の「私」意識とのかかわりからきている。この気持ちを癒やすのは、葬儀参列者の真心からの死者を思いやる心である。なぜなら、死者の「私」意識（魂）も生者の「私」意識（魂）も、どちらも時空のない思念の世界にあり、想念は交流でき、死者に届くからである。

そして、このあと四十九日までの「忌中」や「バルドソドル（中間の道）」の期間、死者の魂は地上にとどまるとされています。その後、魂は自分の精妙エネルギー体の衰滅とともに、それから離れ、地球の精妙エネルギー体からも離れ、神の光のなかに入って天に向かい、神の懐のなかで安らいます。

魂は永遠に消滅することはないのです。そういう性質をもつものを〈思念体（エクトプラズム）〉と名づけましょう。「エクトプラズム」というのは、ギリシャ語の ecto（外の）と plasm（物質）を組み合わせて作りだした言葉です。つまり「非物質」ということです。姿かたちもなければ、質量もありません。般若心経でいえば「不生不滅」、つまり「生じるということもなければ滅びるということもない」のです。

そして、魂はどこに戻っていくかというと、自分の〈親〉にあたる思念体、すなわち〈神〉です。これは第２部の中心テーマになりますので、そこで考察しましょう。

第2章　生まれ変わりの前後

1．天界は美しくて退屈なところ？

昇天した魂は、神の光のなかで過ごすことになります。それが、どんな世界か、私たちは知ることができるでしょうか？　いくつかの手がかりがあります。

一つは、前世記憶のある子どもたちが語ることのなかに、「天国の記憶」というものがあります。

事例２-１

前世記憶をもつジェームズの事例。彼が母アンドレアからの質問に答えた場面

「本当に天国はあるのかとジェームズにたずねた。彼がイエスと言ったとき、それはどこにあるのかときくと、彼は腕を広げてこう言った。「ここにあるんだよ。」……。それは世界で一番

美しいところだと、彼は言った。アンドレアが彼に神様は本当にいるのかときくと、ジェームズはイエスと答えた。……ジェームズの答えは、神様は男でも女でもないというものだった。彼はそのときあなたがそうであってほしいと願うどんな人物でもありうるのだ。」（タッカー、124－5頁）

なかなか意味深長な証言です。「腕を広げて、ここにあるんだ」というのをどう理解したらいいでしょうか。魂にはもちろん腕はありませんから、彼の魂が天国にあってあたかも温泉に入っているように安らいでいたのかもしれません。また「神はそのときあなたがそうであってほしいと願うどんな人物でもありうる」ということは、何を意味しているのでしょうか。すばらしいと思う人の魂がたくさん存在して、それらの魂と語りあうことができた、ということでしょうか。そういうすばらしい人たちをとりまとめているのが神だ、ということでしょうか。想像力をかき立てられます。

もう一つの手がかりは、現世の人が天界にいる親しい人の魂とコンタクトし、メッセージを受け取るという方法です。

事例2-2

筆者の仲間の一人であり、生き生きと過去世を聴き取ることができるYRさんが、天界の父と母に2021年5月にコンタクトしたときの応答の様子

自分の父（2000年逝去）と母（2017年逝去）にそれぞれコンタクトして近況（自分や家族のこと、コロナ禍のことなど）を伝え、あちらでの様子を聞きました。父と母は、生前、古い家制度のしがらみもあって折り合いが悪く、後半生は別居状態となり、子であるYRさんも苦労したという、そういう夫婦でした。

父はこう言いました。「（娘のYRさんが）元気にしているようで安心した。久しぶりにゆっくりコンタクトできて嬉しいよ。子どもたちも皆成人してひとまず安心だな。世界中にコロナウイルスがまん延しているということだが、大変だな。

母さんとも会ったよ。お互いどうしてすれ違ったのかを考えたよ。素直に心の声を届けていれば、そしてもっと穏やかに向かい合えばよかった。

来世もう一度、生前できなかったことを、かたちを変えてやり直すよう、いま、生まれ変わりの準備をしているところだよ。生まれ変わるのはなかなか大変です。たくさんの魂が望んでいるからね。順番待ちさ。いつも見守っているから、安心して行動しなさい」

母は次のように言いました。「久しぶりね〜。相変わらずバレエがんばってるのね。いつも

忙しくてなかなかコンタクトできないから今日は嬉しいわ。コロナウイルスでこんな世の中が来るとは想像すらしていなかったけど。

なぜ父さんとうまくいかなかったのかも、今はわかってます。来世では、かたちを変えて生きなおします。

天は気持ちよく過ごせるところだけど、退屈といえば退屈です。経験がリアルにできないから。泣いたり笑ったりは、現世でなくては体験できないのよ。

あなたも精一杯よい人生になるよう天とコンタクトしてください。いつも応援してるから。穏やかに平常心を忘れずにね」

YRさんは、亡き父母と日常会話のように言葉を交わしています。天界にいる父母は喜びながら、向こうの様子を伝えてくれました。ここから、いろいろなことがわかります。一つは、夫婦の魂が天界で再びコンタクトできていることです。私たちはお葬式で「故人はあの世で先に逝った家族と会っているだろう」と話をしますが、それは本当のようです。もちろん、現世でのような姿かたちをしているわけではありません。純粋に魂として呼応し合っているのです。

二つ目は、生前に不仲であったことや自分のいたらなさを反省していることです。現世でのしがらみは、ユングの臨死体験のように剥がれ落ち、本来の自分のみが魂に収納されているのですから、生前の自分の問題あるふるまいや心理プログラム（すなわちカルマ）が見えやすくなっています。反省しやすくなっているのです。

三つ目は、天界は気持ちよく過ごせるところだけれど、泣いたり笑ったりすることがなくて退屈でもあることです。つまり、天界ではこの世で行うＳＶＯのＯ（客体）が存在しないので、Ｖ（行為）も行えないのです。（ＳＶＯについては、第四章二節で詳述します。）ですから、自分のカルマを解消するために、来世に生まれ変わってそれを行おうと思っています。

2. 生まれ変わるとき、親や境遇を選んでくる

ＹＲさんの父は、「いま、生まれ変わりの準備をしているところだよ。生まれ変わるのはなかなか大変です。たくさんの魂が望んでいるからね。順番待ちさ」と言っています。

それでは、いよいよ来世に生まれ出てくるとき、どのような境遇を選んで生まれてくるか、興味深いことになります。おもしろいエピソードがあります。十三代目市川團十郎さん（当時は十一代目市川海老蔵さん）があるテレビ番組で「自分は、生まれてくる前、10人くらい行列で並んでいたようだが、ここは俺が行く、と並んでいた人たちを押しのけて今生に生まれてきた

ような、そんな感じがする」と言っておられました。團十郎さんの魂は、おもいきり自己表現したい、新しいものを創造したいと思った魂なのかもしれません。古い伝統のある歌舞伎という世界は、それを行うのに適した場所であったのでしょう。

東日本大震災における〈霊体験〉のなかに、今の親を選んで生まれてきたと言う子どもがいます。

事例２－３

東日本大震災で亡くなった琴くんの事例。2歳の誕生日を過ぎたころ、母親が琴くんに生まれる前のことを尋ねた場面

「『空の上からオッカアのこと見てて、ずっとオッカアのとこに行きたいなぁと思ってたから、オッカアに会えてほんとによかった』

ええ！　なんなんだ、と思いました……」（奥野、91頁）

これについて、天は次のようにコメントします。

この琴くんの発言は本当のことである。生まれる前、人は魂として、神との相談の上、次

の人生を歩もうと決める。琴くんはこの人を母として生まれることを選択したのである。それを神との相談のもとに実行した。

もちろん、このように生まれてきた琴くんであったのに、人生を全うすることなく小学生で津波の犠牲になりました。それはなぜなのか、は重いテーマです。

天に尋ねると次のような回答がありました。

琴くんは神とともに歩もうとしてきた。しかし、人生の荒波にほんろうされて、思うような人生を歩むことができなかった。今回も、その人生は途中で挫折してしまった。これは、けっして彼のせいではない。そのかわり、いつも正面に出てくるのは新しい課題である。次にやり直す人生において、彼はもっとすばらしい人生を歩んでいくだろう。

外国の事例を見ると、前世記憶で天国や神様について語ったジェームズ君が、今回生まれてくるときの様子を話す場面があります。

事例2-4

前世記憶をもつジェームズ・ライニンガーの事例

「[母アンドレアはジェームズに] 皆が [この世に] 戻ってくるのかとたずねた。ジェームズはノーと言い、それは自分がえらぶのだと言った。戻ってこなければならないというわけではない。戻ってくることはできるが、もしそう望むのでなければ、そうする必要はない。……自分が、ブルース [父] とアンドレアを見つけたとき、彼らが自分にとってよいのがわかったのだと言った。……いつ自分たちを見つけたのかと、ブルースはたずねた。ジェームズは大きなピンクのホテルで、と答えた。そうして彼はこう付け加えた。彼らがディナーを食べているとき、浜辺で見つけたのだと。」(タッカー著、125-6頁、[ ] 内筆者)

これについても天に尋ねてみました。

「この世に戻ってくる」ことについて、ジェームズの言っていることは正しい。人々はみな天にいるとき、それぞれの想いを自由に語り合うことができる。だから、ある人はこういう人生を歩んでみたい、ある人はもうしばらく天界で過ごしたいなど、さまざまな人がいるのである。

ここでは、大事なことが言われています。再び生まれてくることについては、自分が選び、もし生まれ変わることを望まなければ、そうする必要はないということです。個々の魂の自由意志が尊重されています。魂は神の分身であると同時に、神から自由なのです。このことについては、第２部であらためて検討しましょう。

第3章　前世記憶のない人でも過去世を知ることができる

1．子どもたちの前世記憶――研究者の事例報告

大学でも過去世記憶をもつ人を対象にした研究が行われてきました。アメリカのヴァージニア大学では、精神医学科のイアン・スティーヴンソン教授（2007年死去）が1960年代前半から40年以上研究を続け、4歳くらいまでの幼い子どもが前世の記憶を語る事例を2500件以上、世界中から集めています。

それを踏まえて1987年に『Children Who Remember Previous Lives』が出版されました（邦訳本は笠原敏雄訳『前世を記憶する子供たち』日本教文社、1990年）。ここでは、そこに採録されている12の事例から二つを引用させていただきます。

事例3－1

1956年にインドのデリーで生まれたゴーパール・グプタの事例

「ゴーパールは、マトゥラーという町で暮らしていた前世時代の記憶をつぶさに語った。マトゥラーとは、デリーの南方一六〇キロほどのところにある町である。

ゴーパールの話によると、当時本人は薬品関係の会社を経営しており、その社名はスク・シャンチャラクであったという。また、大邸宅に住み、召使いを大勢使っていたこと、妻とふたりの弟がいたこと……弟のひとりと口論し、その弟に撃たれたことなどについても語った。」（スティーヴンソン、94頁）

事例3－2

1954年3月4日にレバノンのファルーガに生まれたスレイマン・アンダリの事例

「……スレイマンは、記憶しているとする前世について、新しい事実を多少なりとも意識的に想起しようとした。その結果、自分が昔、ガリフェの首長《ムクタール》だったことを想い出したのである。本人は、アブダラ・アブ・ハムダンというその首長の名前や、その生涯にまつわる具体的な事柄を他にもいくつか想い出した。」（同、108頁）

以上、いずれも事実の検証が行われています。事例3－1は殺人にかかわるものですが、こ

れに関してスティーヴンソン教授は次のように言っています。

「前世の自分の死に様を覚えているという者が四分の三近くあり、しかも、自然死の時よりも横変死を遂げた時の方が、死の状況を記憶している比率が高い。」（同、１７０頁）

スティーヴンソン教授の仕事は、ジム・Ｂ・タッカー教授へ引き継がれています。さらなる成果が、前出のタッカー著『リターン・トゥ・ライフ』（ナチュラルスピリット、２０１８年）です。そこに掲載されているアメリカの一例を紹介しましょう。

事例３－３

飛行機が墜落する悪夢に悩まされた前述のジェームズの事例

「彼の両親は、彼が二歳の頃、飛行機が墜落する恐ろしい悪夢に悩まされるようになったと述べた。彼は三歳になるまでに、生まれる前に自分は戦艦から飛び立ったパイロットだったのだと両親に語っていた。彼の飛行機は日本人にエンジンを撃たれ、海に突っ込んだ。そうして彼は死んだのだ。」（タッカー、93頁）。

「ブルース［父］はまた、硫黄島作戦の際、ナトマ・ベイ［戦艦］から飛び立って死亡したパイロットは一人しかいなかったことを知った。それはペンシルバニア出身の二十一歳の若者で、名前はジェームズ・ヒューストンだった。」（同、108－9頁、［　］内筆者）

タッカー教授による前世記憶の検証調査は、とても詳しく行われており、その信ぴょう性は高いといえるでしょう。

西田みどり氏は、スリランカにおける転生（生まれ変わり）の調査研究から、殺人、事故死、病死の三つの事例を紹介しています（西田みどり、前掲論文）。ここでは、病死した人が同じ家族のなかに生まれ変わった事例を見てみましょう。

事例３－４

アスリパーラ（2014年当時、13歳）の事例

「前世の記憶はまだハイハイしていた六カ月ごろから出てきたという。スリランカの家では、家族の写真を壁に掛けたりテーブルの上に飾る習慣があるが、アスリパーラはその飾られた写真を見て、それは自分であることを意思表示したのだという。……父親「七カ月〜八カ月になると、この写真に写っている人の名前を言うようになった。デシャマンニィという名前で、私

の兄です。そして、私のことを『弟』と呼びました。父親なのですが、彼は『弟』と呼ぶ。」……この会話の流れから、ある程度おわかりいただけるように、生まれ変わってきたアスリパーラの現世の父親は、前世での弟であり、現世の母親は前世の妻に当たる。」（同、122－3頁）

この事例は、複雑な家族関係を表していますが、デシャマンニィが腎臓病の移植手術を受けるための嘆願書に関する新聞記事が残っているなど、多くの事実が裏打ちされています。前世のデシャマンニィと弟、そして妻との相互関係がとても深かったことをうかがわせており、3人の気持ちがデシャマンニィの生まれ変わりをもたらしたように思われます。

2. 生まれ変わりについての天の解説

「おぎゃ～」と生まれるときに、魂は誕生して、ある人として一生を過ごし、死ぬと魂の親である星の神のもとに還ります。それでは、その後はどうなるのでしょう。天は言います。

人間は死んだ後も魂として明確な意識と意志をもっている。
わかりやすくイメージしてもらうためにたとえると、円筒状の建物の内側が空洞になっていて、円筒状になった建物にらせん的階段があり、「時《とき》、場所、人」の入り口があり、一つの時の部屋が終わったら、次の部屋の入り口を選ぶことができる。誰の子になるか、誰と結婚するか、どういう課題をになった人生にするか、どういう使命をもつかなどを選ぶ。また、それらを決めないことも選べる。

自分たちの魂の親である神々のアドバイスのもとに、建物の部屋の入り口を入り、右渦巻きの時空のある世界にやってくる。

わかりやすいとは言えない説明ですが、「一つの部屋が終わったら、次の部屋の入り口を選ぶ」ように、魂は自分で考え、守護神のアドバイスを受け、次の人生を選んでまたこの世に戻ってきます。

「魂は100万年前に神の思念体から分かれて、幾千回の人生の旅を続けてきた」という天のメッセージもあります。人間はこのように課題や使命をもって生まれ変わりを続けているのです。

3．およそ100年前の人があらわれる──過去世なのか、憑依《ひょうい》なのか

前世記憶は多くの記録が集められました。しかし、それは一つ前の過去世です。それ以前にも過去世はあったはずです。けれども、人は生まれ出てくると、それまでのことは忘れるのです。せいぜい直前の前世を思い出す人が何人かいる、という程度です。ですから研究記録もないのも当然です。

ただ、前世研究の第一人者イアン・スティーヴンソンが、『Unlearned Language』（1984年）にて、100年ほど前の人格がある人にあらわれた事例を二つ紹介し「真性異言」の事例として考察しています。そのうちの一つを紹介します。（『Unlearned Language』を直訳すると「習わなかった言語」であり、日本語訳のタイトルは『前世の言葉を話す人々』（笠原敏雄訳、春秋社、1995年）ですが、「前世の」としているのは、あくまで訳者の解釈です。）100年前ですから、直前ではなくもう一つくらい前の過去世かもしれません。

事例3-5

100年前の女性シャラーダがウッタラにあらわれるという事例

1941年生まれで30代の女性ウッタラに、1827年にベンガル地方に生きていたことが

確認されたシャラーダが乗り移ってあらわれるのです。シャラーダの滞在期間は長く、その生活状況はウッタラと全く異なっていました。一方、ウッタラはシャラーダがあらわれているときには、意識を失っているのです。（スティーヴンソン、107－71頁を要約）

この事例は、ウッタラの過去世であるシャラーダがあらわれているのか、ウッタラとは別人格のシャラーダが憑依しているのか、そのどちらなのでしょうか？　スティーヴンソン教授は多面的な考察をした上で、次のように生まれ変わり説をとろうとしています。

「どちらかと言えば生まれ変わりが本例の最善の解釈になると考えていた。」（同、224頁）

天に尋ねると、次の回答がありました。

過去世なのか憑依であるのか、判別しにくい場合は、当事者がどう思っているか、である。過去世の場合は、自分の過去世なので、そのことが当事者にわかっている。

たしかに、前世の自分であれば「私」意識が連続しているので、そのことが本人にわかるはずです。スティーヴンソン教授の前世記憶の諸事例を見ると、「ぼくはシャルマだ」（生まれ変わる前の写真を見て）「これはあたしだったの」「ぼくがぼくを見つけたんだ」「ぼく、ぼく」と言うように、きわめて明瞭な「私」意識が表明されています。

しかし、この事例では、ウッタラ本人の自己意識が失われているとすれば、これは他の人間がオーバーラップした憑依であると言わざるをえません。天は言います。

この事例はとても興味深い。なぜなら、ウッタラが知らないうちにシャラーダに代わっている。ふつうはこのような場合、他人の口寄せによって降りてくるのであるが、この場合は自然に降りてきている。シャラーダはよほど降りてきて話がしたいという気持ちになったのであろう。死ぬときに自分は死ぬという認識がなかったので、生きているという気持ちがまだ続いている。ウッタラを選んだのは、彼女が自分の姉だったからである。

ふつう、他人の魂が降りてくる場合、霊媒（シャーマン）を依り代として降りてくることが多いですが、この場合は、シャラーダが直接にウッタラに降りてきて、しかも長期間居すわり続けています。たしかに、憑依のなかでもとても稀な事例でしょう。

４．神の助けを借りて自分の過去世を知る

以上のように見てくると、直前の前世より以前の過去世は、これまで採集されたり記録されたりしたことはなかった、ということです。

私たちは、ここで神の助けを得て、自分の過去世をさかのぼって聴き取るという作業を行ってみようと思います。神の言葉を受け取ることのできるＹＲさんとＭＭ氏が、自分の過去世を聞いたものが書きとめられています。

事例３－６

生き生きと聴き取られた過去世の体験

ＹＲさんは、バレエ教室を主宰している60歳前後の快活な女性です。彼女は、２０１３年１月29日から31日にかけてのＭＭ氏が司会を務める「天の講習」で、自分の魂の親（守護神）とつながりました。そして、小中高時代に「勉強が嫌いだった」ことを後悔としてあげ、それを消すのを妨げている過去世体験がどんなものであるか、を神に聞きました。

このプラクティスは、自分のマイナスの心の傷（カルマ）を消すためのものですから、ふつうネガティブな過去世体験が出てくるのです。しかし「勉強が嫌いだった」ということは、ど

うも神から見てさほどネガティブなことに入らないらしく、勉強が嫌いだったけれど、楽しくも痛快な過去世が聴き取られました。長いですがおもしろい話です。

カカロットのお話(メソポタミア文明のころ)

メソポタミア文明のころ、象形文字をたくさん覚えなければいけなかったが、なかなか覚えられず、3か月のあいだ石の牢屋で生活させられた。男で名はカカロット。食事は水とオレンジだけだった。それも1日1回。ようやく文字を覚えて出してもらえた。たくさんのきまりを守ることが嫌いだった。広場の真んなかで1週間ポールに縛られていた。縛られているとき、野犬に襲われそうになった。

陣地の取り合いの戦いがあった。負けて、そのときの様子を記録として残すために、敵によってたくさんの文字を石に彫らされた。

「我々は敵を収め勝利した。すべての民は我々に従うこと。従うべきことに従わぬ者は水も食料も与えぬ。剣は我々しかもつことはできない。女はすべて我々が選ぶ。きれいで子どもをたくさん産める女がよく、中肉中背で身長は153センチ、髪の色はブロンド、目は大きく鼻が低い女を選ぶ。田畑もすべて我々のものだ。作った作物もすべて我々のものだ。子どもたちにはたくさん文字を覚えさせる。戦いは絶対ダメだ。我々に従っていれば豊かな生活ができる。野犬には気をつけろ。春には花が咲き乱れる。皆で祝おう。作物の収穫時には酒もふるまおう。ともに豊かな生活を送ろう。冬には食物がなくなるから、地下に入れておけ。酒はいつもある。伝染病には気をつけろ。命を落とすぞ。病人が出たら隔離するぞ。食器類をすべて熱湯消毒する。武器を常に作っておく。子どもはウサギや犬と遊ばせ、文字を覚えさせる。弓矢で狩りを教える。遠出をするので、足腰をきたえる運動をしろ。綱引きや、重い荷物をつけた綱を、腰や額にかけて引っぱる。重たい石を振りまわす。足の裏に石をつけて重りとして歩く。目はよく見えるように、いつも遠くの獲物を見る。

星々をいつも見上げる。太陽の光を浴びてよく日光浴をする。水は上澄みだけをすくって飲む。夜は星々を見て未来を占う。星々は我々の神である。すべて神々の指示に従う。神々は星を通じてメッセージを送っている。メッセージを受け取ることができるのは数人である。その民をこれから選ぶぞ。民は星々をよく見ておきなさい。星は民の病を治すぞ。夕日が落ちるときには、皆で夕日を眺める。仕事をやめて心静かに眺めるぞ。

雨は民の心しだいで降らせることができる。雨水は貴重だ。大きなカメに貯めなさい。石の蓋で覆いなさい。暑いときは蓋に隙間を空けなさい。小鳥は弓で射ってはならない。石で屋根を作りなさい。テーブルもイスも作りなさい。ヤギの小屋も作りなさい。ヤギの乳は大切な食料だぞ。ヤギの乳から薬も作れるぞ。ヤギの乳は保存食にもなるぞ。地下に入れなさい。ヤギの乳は接着剤としても使えるぞ。ヤギの乳は体に塗ってもよいぞ。色が白くなる」

カカロットは記録をたくさん残したが、現代ではそれは読まれていない。今、最初の糸口が見つかった程度だ。これから徐々に解明されていくだろう。その検証にこの記録が役に立つ。これから話をすることは、人類にとってとても興味深く役立つであろう。

人類は星を見ることを忘れてしまった。メソポタミア文明のころは、いつも星を見ていた。そして、いつも星とともに生きていた。

星は人類に必要なことを伝えていた。現在もそうだ。だが、今は人類が星を忘れている。星の存在そのものを忘れている。思い出せ人類よ。

星はいつも守っている。地球も人類も。

耳を傾けよ！　耳を傾けよ！　星は常に人類の頭上で輝き、指し示している。

天空で輝く星々は、それぞれ役割がある。その輝く星々はそれぞれの役割を伝えようとしている。

人類よ、耳を傾けよ、心を天に合わせろ！

我々星々は待っている、人類に準備ができることを。

シュメールのころは、狩りに行く方位も天候も星々の神に聞いていた。狩りをして獲物を捕る数も聞いていた。自分たちが生きていく上で必要な数だけだ。今は、多すぎる動物たちを心なしに殺している。

人類は必要以上に食べ、病になっている。動物も自然体に戻さなくてはならない。いろいろなビタミン剤や抗生物質などを餌に混ぜてはならない。早く気づいてほしい。自然に還ることを。薬を混ぜればけっしてよいことはない。人類にも大きな影響を与え、病を引き起こす原因となっている。

自然に還ることを星々の神は望んでいる。願っている。

人類よ、耳を傾けよ！　自然の音に耳を傾けよ、風の音、波の音、川のせせらぎ、雨の音、すべては天に戻る。人類の行いで戻していくのだ。

鳥の動きを見よ！　彼らは自然の流れを知っている。さえずり、鳴き声、羽ばたく方向を観察せよ。神が鳥たちを通して伝えている。化学物質はなくさなくてはならない。鳥たちが苦しがっている。鳥たちが生きていけない。人類よ！　気づいてくれ。鳥たちを殺してはならない。

シュメールの朝は早い。朝日を皆で見るのだ。すがすがしい朝の空気を吸うのだ。身体は調整される。太陽は体を癒やす。

人類よ！　陽の光を浴びなさい。とくに朝の光を浴びなさい。

夜は星が出たら静まる。心を静めるのだ。星を眺めれば心は落ち着く。そして、１日の反省をするのだ。星々の神はサポートする。星々が心をクリアリングする。寝ているあいだに体が浄化される。

星を眺めれば、眼もよくなるのだ。星を見よ！

雨で体を洗ってはならない。１日太陽の光にあてた水で水浴びするのがいいのだ。

人類にとって必要なことは、ただ気づくことだ！　自然とともに生きていることを。魂は喜び、病気も治るであろう。

カカロットは勉強が嫌いだった。座っていることよりも、太陽を浴び野原を駆けめぐり、花や草やチョウとたわむれ、空や風や山と対話することが大好きだった。遊んでいるといつも教育係に連れ戻されるのだ。耳を引っぱられて……。たくさんの字を覚えるようにいつも見張られていた。

教育係が居眠りをしたら必ず逃げ出して、カカロットしか知らない洞窟に隠れた。洞窟で何をしていたか、教えてあげよう。

洞窟のなかに寝ころがるんだ。そして、地面の冷たさを感じるんだ。すると、だんだん地面と体の温度がいっしょになってくるんだ。洞窟のなかでポタリポタリとあちこちで水滴が落ちるんだ。その水滴の音を聞いていつも心地よさにひたり、喜んでいたんだ。

ときには、カエルやミミズたちもカカロットと遊んでいた。カカロットが口笛を吹くとたくさんの動物たちが寄ってきて、カカロットと遊ぶんだ。足をケガしたウサギのピックも、片目を失った犬のジョンもカカロットは大好きだった。

時間を忘れて遊んで、洞窟から出るとあたりは暗くなり、カカロットはあわてて走って皆のところへ帰った。すると大騒ぎだ。「カカロットがどこを探してもいない」と、皆は心配で探しまわっていたらしい。そして、お仕置きに牢屋に朝まで入れられたんだ。暗く誰もいない。牢屋は大嫌い！　口笛を吹いても、ウサギのピックも犬のジョンも入ってこられない。カカロットは、窓から星を眺め泣いたんだ。さびしくてさびしくて泣いたんだ。すると星の神々が「泣かなくてもいいんだよ」となぐさめてくれた。「カカロットはカカロットでいいんだよ。やさしい心で動物たちをかわいがるカカロットはいい子だよ。でもね、少しずつ文字は覚えなくてはダメだよ」と教えてくれたんだ。カカロットは星を見ながら眠りに入った。

朝は窓から太陽の光がカカロットの体を温め起こしてくれるんだ。そして、小鳥たちがカカロットをなぐさめる歌を歌ってくれた。カカロットは少しずつ字を覚えようと思った。すると「カカロット出なさい」と教育係のシレーヌがドアを開けてくれた。

その他に、「勉強が嫌いだった」というＹＲさんのカルマを解除するための過去世の出来事は、以下の四つがあります。

・原始時代、少年ジータが村でチーター狩りをするときに競争と協力を学んだ。
・ローマ時代に、少年サミエルがお祭りの準備をさぼって遊びにいき、転んで骨折した。
・15世紀のロンドンの社交場でマリアンは、踊りに興じワインをこぼし皆に冷笑されて「一人で楽しんでもだめなんだ」と気づいた。
・安土桃山時代に長い髪をした女性おしんは、寝ているあいだに侍女のきよのに髪を切られ、悲しい思いをしたが、皆に励まされ、「髪が長く美しくなくてもいいんだ」ということに気づき、きよのを許し、末永くつきあった。

また、「バレエの先生に厳しくされて嫌だった」という心の傷にかかわる過去世には、ルイ14世のころ、少女ガゼッタはダンスをするのが大好きで、それを見る町の人たちにはよいことが起きると評判になり（ねたむ人もいたが）、ルイ14世がガゼッタを呼びよせ「妖精といっしょに踊っているの」と言うガゼッタとともに踊った、という出来事がありました。

まるで作家が書いたようなみごとな物語です。しかし、YRさんは「勉強が嫌い」ですから、これまで、このような文才を発揮したことはないのです。バレエ、すなわち音楽に合わせた身体表現が得意な方なのです。

YRさんと筆者は、「天の講習」の最初の受講者でした。筆者は隣でYRさんが過去世を書きとめていく様をずっと見ていました。私はそれほどうまく聴き取ることができなかったので、驚嘆しながら眺めていました。神の光とつながるとき、背骨を頭頂へと垂線を立てるようにして天まで伸ばして光を感じ、神とつながるのですが、ＹＲさんはバレエをしていますから、その垂線がまっすぐであり、守護神の星、そしてさらにその上の「天」の星にまでそれを届かせることができたのでしょう。

神の手助けで聴き取られたＹＲさんの過去世が本当であるとすると、そのような情報はどこに収納されているのか、という疑問が生じます。天界のどこかにデータバンクみたいなものがあるのでしょうか。あるとしたら、地球人類70億人分の、何十万年にもわたる過去世データを集積していることになります。そんなことは不可能でしょう。

過去世データは、個々人のチャクラのなかにおさめられているのです。チャクラは、肉体と魂を結節させるポイントで６（肉体中）＋１（頭上）あります（詳しくは第９章で）。たとえば、崖から滑り落ちたという恐怖の体験は第１チャクラに保存され、私は異性に愛されないというようなものは第４チャクラに、他者に心が傷つけられた記憶は第５チャクラに収納されている、というようにです。

では、次に、ＭＭ氏の過去世を見てみましょう。

事例3－7

ＭＭ氏は、２０１２年にグループのなかで最初に天とつながり、天のメッセージを集中的に受け取っていった人です。そのＭＭ氏が24回の過去世までさかのぼって聴き取りました。ここでは、その全部を掲載することができませんので、現在の友人や家族とともに生きた過去世を選び、そのなかから六つを紹介します。

＊直前の過去世（スペイン、１８９６〜１９３８）

ＭＭはスペイン人で名をJalud Celiviaといった。マドリードに生まれた。１９３７年、フランコ将軍が反乱を起こした。ＭＭは人民戦線政府を守る市民軍に参加した。銃撃戦になり部隊はピレネー山中に逃げ込んだ。ＭＭたちは逃げ場を失い、力つきて亡くなった。１９３８年2月のことだった。今生の同僚＝友人であるＭＴは、ともに市民軍に入り、ともに戦い死んだ。

＊4回前の過去世（カナダ、１７７2年〜１８０4年）

カナダのケベック州にMichel de Maltiesとして生まれた。ＭＭが生まれた家は、材木を加工する小さな会社を運営していた。家業である材木加工会社で父母と数人の従業員とともに働いた。このときに結婚した相手は、今生の妻である。

＊9回前の過去世（スペイン、１５２3年〜１５８9年）

スペインの港町の漁師の子であった。母はＭＭが生まれた年に亡くなった。父は、船で漁に出かけたら数か月は帰ってこなかった。ＭＭは、妹と二人で家にいるという生活であった。妹は今生の姉であった。スペイン無敵艦隊の乗組員になった。その生活が40歳まで続いたあと、隣の農家の娘と結婚して、仲のよい夫婦となり、幸せな人生となった。

＊10回前の過去世（インド、１４９３年〜１５２２年）

インドのパンジャブ地方に生まれた。インドはカースト制度の差別的序列制度の社会組織になっていた。ＭＭはバラモン階級の家に生まれた。ヒンズーの教えではなく、仏教に関心をもち、研さんの旅に出た。そのときの相棒が今生の友人＝同僚のＭＴであった。（今生、ＭＴは職場でＭＭを献身的に支えた。）

＊17回前の過去世（ロシア、１０９６年〜１１２０年）

ロシアのモスクワの西にあった、ビザンツ教会の聖職者の子に生まれた。当時の聖職者たちはネガティブ神（悪神）とつながり、差別的な人間観を説いていた。ＭＭは神学校に進んだ。そこの聖職者に今生の星川がおり、差別的人間観に抗して神の子としての人間の平等性を探求していた。ＭＭは星川の指導を受けるようになった。しかし、当時の強力なネガティブ神支配下で、星川は孤立させられ、ＭＭら数人の学生たちも同じように神学校で孤立を深めていった。追い打ちをかけるように神学校で火災が起き、責任をかぶせられて星川は別の神学校に転勤となった。心の支えを失ったＭＭは、卒業してウクライナの教会に配属された。そこに赴任して、すぐ疫病に倒れて帰らぬ人となった。

＊22回前の過去世（アラスカ、７９３年～８２８年）

アラスカのアジア系の民族に生まれた。アジア大陸と氷でつながっていたので、人々はアジア大陸の続きとして認識していた。あざらしを捕って食べて主食としていた。厳しい自然環境のなかで、人々は強い信頼関係を築いて暮らしていた。単婚家族の連合体で１００人にも満たないグループであった。ＭＭの両親は今生の父母と同じ人であった。ＭＭの兄、姉も今生の兄、姉と同じ人であった。厳しい生活環境のなかでの深い信頼関係は、家族間のよい霊的関係を築いた。

人類の魂が誕生して１００万年ですから、そのあいだに、たとえば夫婦はいろいろなかたちで親しい関係を何度も繰り返してきた、と天は言います。

以上が、ＹＲさんとＭＭ氏が神の助けで聴き取った過去世です。もちろん、スティーヴンソン教授らが行ったような検証はまったくされていないので、信ぴょう性に欠けています。しかし、これらの過去世が作為的に作られたストーリーではないことだけは、筆者が保証します。

第4章　人間が何度も生まれ変わる理由

1．人はそれぞれ課題をもって生まれてくる

ジェームズくんや琴くんは、前述のように、親を選んで生まれてきました。それは、その親のもとで送る人生を選んで生まれてきた、ということでしょう。

タッカー教授は、ジェームズくんが12歳のころに直接会っています。

「［前世の］記憶それ自体はその年齢ではもう消えてしまったようだった。……快活な若者に見えた。」（タッカー、123頁、［　］内筆者）

というように、ジェームズくんは今生の人生を歩み始めましたが、その後の様子はわかりません。

琴くんは、前世記憶も消え、晴れやかに今生の人生を歩もうとした矢先に、津波にのみ込まれて亡くなってしまいました。このうえなく残念なことです。このことについて、天に尋ねると、次のようなメッセージがありました。

琴くんは神とともに歩もうとしてきた。彼は人生の荒波にほんろうされて、思うような人生を歩むことができなかった。今回もその人生は、途中で終わらざるをえなかった。けっして彼のせいではない。そのかわり、いつも正面に出てくるのは新しい課題である。次にやり直す人生において彼は、もっとすばらしい人生を歩んでいくだろう。

琴くんの魂は、神とともに歩むという使命をもっているようですが、それを実際の人生ではなかなか実現できないようです。「彼のせいではない」と天は言い、それは自然災害や人災によって使命の実行が阻まれるからでしょう。しかし、彼は新しい課題をもって来世の人生を歩もうとする、ということです。

私たちも、何かの課題をもって生まれてきたのでしょうが、いろんな妨害や混乱にみまわれて、それが見えなくなり、日々の生活に追われています。

YRさんの、亡くなった父は「母さんとも会ったよ。お互いどうしてすれ違ったのかを考えたよ。素直に心の声を届けていれば、そしてもっと穏やかに向かい合えばよかった」と反省し、「来世もう一度、生前できなかったことを、かたちを変えてやり直すよう、今、生まれ変わりの準備をしている」と天界で言っています。

ここから類推できることは、「穏やかに向かい合い、素直に心の声を届ける」ことが、ＹＲさんの父の人生の一つの課題であったのだろう、ということです。そして、それができなかったことにより、それが彼の「カルマ」となり、そのカルマを克服するために来世に生まれ変わろうとしている、ということです。

カルマについて、天は次のように言っています。

カルマ（２０１２年８月18日受信）

カルマとは、摂理にもとづく感情、思考、行動を妨げるブロックとして働く心理プログラムのことを意味する。過去世の体験のなかで形成された問題のある心理プログラムが、摂理にそったふるまいを妨げ、魂の苦悩を生む。

カルマは、「摂理に反する心理プログラム」のことであり、たとえば〈他人が怖い〉〈すぐカッとなって自分の感情をそのまま相手にぶつける〉、〈強い人には腰を低くし、弱い人には強く出る〉というような心理の基本プログラムのことです。

このプログラムは、①過去世体験のなかで形成され、②今生において摂理にそったふるまいを「妨げるブロック（心の壁）」となり、③解除されないままになると、その結果、魂の苦悩を生む、というものです。

ですから、このカルマを自分のなかから取り除くことが、人生の課題になります。取り除いて、摂理にそった生き方ができるようになることが、人生の目的なのです。

カルマが解除されないかぎり、何度生まれ変わっても同じ過ちをして魂は苦しみ続ける。摂理ある人生へのブロックとなる心理プログラム（カルマ）が解除されるとき、魂にとって成功する人生への運命的な変化が生じる。

神の思念の懐《ふところ》に戻っているあいだは、魂も「私」意識のみで、現実のふるまいができません。YRさんの母が「天は気持ちよく過ごせるところだけど、退屈といえば退屈です。経験がリアルにできないから。泣いたり笑ったりは、現世でなくては体験できないのよ」と言っているように、です。

現実のふるまいや活動ができませんから、カルマは魂のなかに保持されたままです。この世に生まれてきて、現実にいろいろな体験をするなかでカルマを解除することができるのです。

2. 魂と心についてSVOを使って説明する

私たちは、中学校や高校の英語の時間にSVOを習いました。Sは主語、Vが動詞で、Oがその対象である目的語です。天は、神や魂の「私」意識をSVOを使ってわかりやすく説明します。長くなりますが、そのまま掲載しましょう。

S（主語＝意識）とV（動詞）、O（目的語）

（1）
左渦巻き世界は、時間と空間のない世界である。

右渦巻き世界は、時間と空間のある世界である。

もともと一つの「無属性の意識」が、左渦巻きの「私」意識と右渦巻きの時空の世界に分かれたのである。

ということは、英文法的に言えば、Subject（主語）＝意識である左渦巻きの世界と、Verb（動詞）とObject（目的語）の右渦巻きの世界に分かれたということである。

Sのない右渦巻き世界は「自ずと～になる」世界であり、意志をもたない存在が、その存在形式を変えることである。「私」意識Sなしに、時間のなかで空間の構成が変化している。

それに対して、「私（S）」が「木の苗を植えた（VO）」とき、右渦巻きの物体世界は時間のなかで変化しているが、「私」意識Sはまったく変化していない。時間・空間のなかで変化をこうむらないのである。それは、「私（S）」が、時間・空間のない左渦巻き世界に根ざしているところからきている。

（2）

「木の苗を植えた」前とあとで「私（S）」に変化があるとすれば、木の苗を植えたというVOが「私（S）」の体験として収納されていることである。この収納されるということを通じて、「私」意識Sの内実が豊かになっていく。

「私（S）」がこの右渦巻き世界のなかで何をVOとして体験し、それが「摂理」にかなったものであるかどうかが、「私」意識Sのレベルを決めている。

右渦巻き世界で見ると、富と名誉はそれ自体で人生の成功の大きな尺度になる。しかし、左渦巻き世界で見ると、富と名誉を他の人と分かち合って生きたのかどうかが、人生の成功の大きな尺度となる。

右渦巻きの尺度は、この人生だけの満足である。

左渦巻きの尺度は、永続する「私（S）」の永遠の満足である。

（３）

人間の一生は、寝ているとき以外は、やむことのないSVOの思考活動の流れのなかにある。

「私」意識Sは魂であり、SVOは心である。すなわち、生きているあいだ、魂（S）は、心（SVO）として展開し、死んだら魂（S）のなかに心の内容（VO）が収納されるのである。言い方を変えれば、生きているあいだは、魂は心として展開し、死んだら心は魂のなかに収納されるのである。

生きて時間・空間のある世界で活動しているあいだも、常にあなたの「私」意識Sは、時間・空間のない世界にある。あなたSは生死を超えてそこにある。

このように、「私」意識（魂・思念体）をS、物質界（エネルギー、生命体を含む）をVOとすることによって、二つの世界を分け、その上でSVOの意味が、神と魂において明らかになっています。

東日本大震災において、「この大地震は天が与えた試練なのか？」と問う人もいたでしょう。実際、被災したある中学生は「神の試練というにはあまりにむごすぎる」と号泣しました。また一方、「三・一一神はゐないかとても小さい」（照井翠、『毎日新聞』「余禄」2021年3月11日朝刊）という句も詠まれています。これは逆に、人をこんな災厄に遭わせるのだから、神なんていないに等しい、とさりげなく突き放しています。

この二つの受けとめ方は、どちらも正確ではない、ということになります。天は次のように言っています。「地震を起こしたり、止めたりすることはできない。地震は物質世界の自然法則にのっとって起きているのである」つまり、地震はVO活動であり、S（神）はそれにかかわっていない、ということなのです。

しかしながら、生物界におけるVO活動は、たとえば粘菌が迷路の入口と出口に置かれたエサを最短経路で結ぶというような、ある意味で知的な要素を含んでいる（北海道大学理学部生物科学科高分子機能学 https://life.sci.hokudai.ac.jp/mf/keywords-for-learning/k420）ということを見ておかなければなりません。『自ずと～になる』世界であり、意志をもたない存在が、その存在形式を変える」能力があるということです。そして、これが地球生態系（エコロジー）の基礎をなしていることも忘れてはいけません。

3. 「天の摂理」を人間界に適用する

神から見れば、その人が今生でどのような偉い地位にあったか、どれくらい金持ちであったかなどは大事なことではありません。一生のあいだにどれだけ多くのよい経験を積んで、カルマを解除し、神のありようを豊かにしたか、だけが大事なのです。神はそのありようを「摂理」と名づけます。ここでいよいよ「天の摂理」が登場します。

エネルギー・物質世界は自然法則にのっとって存在し運行しています。一方、神々の思念の世界には天の摂理があります。天の摂理は、星の神々のあいだの関係を律する原理です。それを神々が守らなければ、「物質的宇宙における運動のバランス」が壊れるという重大な結果をもたらします。天の説明を見てみましょう。

天の摂理（２０１２年10月受信）

「摂理」は、星を身体とする神々のあいだの関係を律する原理である。星々は、物的・エネルギー的宇宙での運動の微妙なバランスの上に成り立っている。その回転運動のコースをほんのわずかでも誰かがはずしたら、銀河宇宙全体に深刻なダメージを与える。

星々の運動は回転軌道を基本にしているので、それに重なって存在している神々の意識世界は、その秩序にそった摂理をもたなければ、神々の世界は混乱し壊れていく。そして、その壊れたことが星々の運動にも影響を及ぼす、というのです。ちょうど、人間は、精神のバランスが整っているときは身体も健康であるが、精神のバランスが崩れると身体も不調になっていく、という心身関係によく似ています。

それでは、それはどのような内容なのか。天はその摂理を人間にもあてはめながら説明しています。

摂理は神々の関係を律する根本原理であり、この原理は、神々の子である人間の魂にとっても同様の摂理として働く。

①すべての星の神々に敬意を払うことができる魂であること、そして、すべての人間に敬意を払い、すべての生命存在を尊重すること。

②すべての星の神々とともに、地球に創り上げた生命の成果と実りを分かち合うこと。人間が集合的に作り上げてきた富と成果を私物化せず、共有すること。

③夜空に輝く無数の星は、一つとして同じ星はない。それぞれに個性があり、得意とすることが違っている。しかし、すべての星が友好的な協力関係にある。人間界で互いの違いを認めて協力し合うこと。

④すべての星は誰かから命じられることなく自己決定して動いている。他者に依存して決

めたり、他者の自己決定をないがしろにしたりしないこと。

⑤以上の四つの原理は、全宇宙のすべての星に一つとして例外なく適用されなくてはならない。分け隔てなくすべての人間と生命を尊重する心をもった魂をもつこと、である。

神は、人間の魂が摂理を身につけて自分のもとに戻ってくるときを楽しみにしている。

天の摂理を読むと、神々が星の数ほど多数存在していること、そして、それらがお互いに関係し合って、あたかも〝社会〟を作っていることがわかってきます。神の子である人間も、同じように個性の違う人々が多数存在して一つの人類社会を作っているので、この天の摂理をわりあい自然に受け入れることができそうです。

4．気づくことで魂を成長させる

人生は楽しいこと、苦しいことで満ち溢れています。人生は、魂がさまざまな体験をして気づきを得ていく場であり、その気づきを糧にして魂が成長していく過程なのです。

天は人生と摂理について次のように言っています。

人生と摂理（2012年10月受信）

身体と魂を自動車と運転手にたとえると、自動車のメカニズムやオイルを正常に整備し、的確な運転技術と行き先への計画をもって操縦するならば快適な走行ができるように、身体を適切な衣食住や運動で健康に保ち、人生に目的をもって主体的に生活するならばよい人生を送ることができる。

そして魂の向上のためにもっとも重要なことは、次のような他者の魂たちとのかかわり方である。

①相手の自由意志を尊重する。
②相手を理解する能力をもつ。
③人と協力する能力をもつ。
④人とシェア（分かち合い、共有）する精神をもつ。
⑤相手を尊敬する心をもつ。
⑥この5点を分け隔てなく、誰に対しても貫いていく。

魂レベルが低いとどのようになるか？

①相手の自由意志を踏みにじる。

②相手に対する無理解。
③協力ではなく相手を利用し、搾取する対象にする。
④分かち合わずに平気で自分の取り分を大きくしていく。
⑤心のなかで相手を見下す。
⑥上に対して迎合し魂の高いレベルの態度をとり、下に対して低い魂のあらわれをする。

この6点はいずれも私たちが納得できるものです。

ただ、低い方の③「相手を利用し搾取する」④「自分の取り分を大きくしていく」というのは、こんにち一つの社会体制、つまり資本主義が確固として築かれているので、人は不本意にもそれに加担していかなければ、自分と家族が生存できないようになっています。そこに今を生きる人間の悲しさがあります。高い魂を追求しようにも、それが行いにくいからです。

それぞれの人の魂は、これまでの多くの過去世を経験するなかでいろいろな思いをもち、それを人生の課題として積み上げてきました。人の前で罵倒されたことを魂の深い傷としてもつ人は、「立派な人になって見返してやろう」という課題をもちます。飢饉や戦争で食うものも食えなかった人は、食べ物を前にすると早く食べておかなければと思い、他者への配慮もなくがつがつと食べる習性が身についています。

たとえば「立派な人になって見返してやろう」という課題であれば、「馬鹿にされて傷ついた」というネガティブな思いを「立派な人になる」というポジティブなものに置き換えることがテーマになっています。それは実現されるべきでしょう。

しかし、「見返す」ということのなかには、下の人たちを「見下す」ことが含まれています。それはそれで、多くの下の人たちの反感を生み、その人は新たな苦しみを感じることになります。そういうなかで「立派な人になる」ということは、「馬鹿にした人たちを見返す」ということから離れ、それを克服しないといけない、と気づくことになるでしょう。

天は、人生においてこの気づきが一番大切だ、と言います。簡単に言えば課題とは気づきのためのものなのです。見返すというのは天の摂理に反する、魂の低いふるまいから出ています。この反摂理、魂の低さに気づき、摂理にそって生きようとすることのために、その人の課題があるのです。

5. 過去世の体験が今生の自分を作る

死んで神のもとに還った魂は、神の「私」意識のなかに溶け込んでしまうことはなく、その個体性を保ったまま過ごします。天は言います。

死んだあと、天国や地獄はない。

摂理に反する思考や行動パターンを根底にもっていたら、そのことに気づきがないかぎり、何度生まれ変わっても同じことを繰り返す。

そして、自分のなかにある「あのとき、あの人に対してひどいことをした」「もっと自分の思いにそって生きておけばよかった」など多くの後悔が、魂に残っています。その状態がいわば地獄なのかもしれません。その思いをもって人生をやり直すために、課題を達成するのに適した境遇を求めて、ふさわしい親を探して生まれ変わってくるのです。

それでは、過去世についての天のメッセージを見ましょう。

過去世（2012年8月受信）

過去世は、今生に大きな影響を与えている。あなたが出会っている今生の人々のほとんどが初対面ではない。愛憎を含んだ強い「私」意識の関係（霊的関係）は、その抱える課題を解決するために、繰り返す人生のなかでふたたび濃い人間関係のもとに置かれる。

死後、両者とも「私」意識のなかに相手がいるために、思念体（エクトプラズム）でできた魂が相互乗り入れのかたちになっている。

人間が生まれ変わろうとするのは、その人の魂が「愛憎を含んだ濃い人間関係」のなかで苦悩を残しているからです。そして、自分と相手の魂の人間関係は死後においても「相互乗り入れのかたち」になっているからです。ＹＲさんの両親もそのような関係にありました。天は続けます。

過去世で関係がうまくいかず、抱えていた課題を解決するように、守護神が世話して二人の出会いを設定し、再び生まれるケースがある。
生きているあいだは、そのことはわからない。うまくいかない夫婦関係において、本当は過去世での失敗を乗り越えて今度こそ思いやりある温かい関係を築こう、と生まれる前に決意してきているケースは多々ある。その努力をせず、新たに失敗した人生を加えたことを、死後に後悔している魂はたくさんある。

ここで、ＹＲさんの両親に再び登場してもらいましょう。
これまでの考察で、父は「お互いどうしてすれ違ったのかを考えたよ。素直に心の声を届けていれば、そしてもっと穏やかに向かい合えばよかった」と言っていますが、それは、〝自分の言っていることは正しい、おまえは黙っておれ〟という心の基本プログラム、つまりカルマによって夫婦の不信頼が生じ対立となっていった、ということでしょう。

YRさんの父は、今生、太平洋戦争に召集され、中国戦線に従軍し、「産めよ殖やせよ」の国策のもと、いったん帰国して妻を見合いでめとり、妊娠した妻を残し再びフィリピン戦線に出兵させられました。戦後は幸い復員することができましたが、仕事やイエの旧慣（9人きょうだいの長男（次男からの成り上がり）の役割）によって苦労が多く、自分のカルマは改善されるどころか、ますますかたくななものになっていきました。父個人の努力を超える力が作用したのです。

筆者は、YRさんに両親（父Nさん、母Tさん）がともに人生を送った過去世を調べてもらいました。次のように、3回の過去世で二人は一緒に人生を過ごしたようです。

事例4-1

夫Nさん、妻Tさんがともに送った過去世

メソポタミア文明のころ

メソポタミア文明のころ、夫のNは城の番人をしていた。Tは隣国の姫であった。番人は、叶わぬ夢であったが姫に恋していた。隣国によく使いとして行き、いつも一目でいいから姫を見たいと思っていた。

姫は、番人がいる城の王子と結ばれた。番人は、姫を見る機会が増えたが、自分の身分を怨んだ。なぜ自分は番人なんだと、なぜ王子に生まれられなかったんだと、自分の身分を一生怨みながら生涯を終えた。

江戸時代後期

夫Nが母で、その長男として生まれたのが妻T。呉服問屋を営んでおり母（N）は子育てをしながら問屋業を切り盛りしていた。母は、長男（T）に家業を継がせたくて、帳簿付けや礼儀や作法を厳しく教え、服従させていた。長男はいつも逃げ出し、口論がたえなかった。長男は金魚の商いがしたかったので、耳を傾けてくれない母を嫌っていた。

母が亡くなるまで、母を好きにはなれなかった。長男は晩年、家業を継ぎながら母の思いが自分のためだったのだと気づき、母にした自分の行いや態度を悔いた。

江戸時代末期

1853年、夫Nは城主であった。妻Tは、オランダより日本へ貿易の取引に来ていた男であった。初めは、城主（N）はオランダ商人（T）と意気投合し、大変信頼もしていた。しかし、仕事の話になり支払いのことで折り合いがつかず、険悪な状態が続くようになった。またオランダ商人は、城主の娘が気に入りオランダへ連れていくという話になり、城主は怒り狂い日本からそのオランダ商人を追放した。

オランダ商人は娘を置いてきたことが忘れられず、なぜ城主とうまくいかなかったのかと後悔した。


この二人の魂の関係を見てみると、メソポタミア時代は、二人は隔絶した身分のなかでNの片思いと身分への怨嗟《えんさ》で終わりました。江戸時代後期では、家業の継承をめぐって、母（N）の家父長的態度と長男（T）の自由要求との対立としてあらわれました。江戸時代末期は、城主（N）とオランダ商人（T）という対等な関係性のなかで、我の張り合いをして決裂しました。いずれも時代の制約のなかでほんろうされながらも、しだいに対等な関係に近づいていき、二人の関係は本人どうしの心のあり方が焦点になっていきました。カルマ（問題ある心理プログラム）がカルマとして浮上してきたのです。

それを踏まえて、今生は、夫婦というより密接な人間関係のなかで、一方の家父長的態度（N）と他方の自由要求（T）の対向という場面設定において、それぞれのカルマの解除が二人の課題になった、と言えます。

結果的に、今生ではそのカルマの解除は、時代の制約もあり達成できませんでしたが、Nと

Tそれぞれの我慢や努力、子であるYRさんたちのサポートによって、死ぬときには課題をかなり明確に意識して死んだのだと思われます。

それゆえ、天界に戻って二人で意思交流したとき、父（N）は「素直に心の声を届けていれば、そしてもっと穏やかに向かい合えばよかった。来世もう一度やり直すよう、今、生まれ変わりの準備をしているところだよ」と言い、母（T）は「父さんとなぜうまくいかなかったのかも、今はわかっています。来世では、かたちを変えて生きなおします」と言っているように、自分たちの問題ある心理的プログラム（カルマ）をそれぞれ自覚できるようになった、ということではないでしょうか。過去世を通して、しだいに二人のカルマの克服は進んでいった、と考えることができます。


もちろん、人間関係は夫婦、家族のように濃いものばかりではありません。浅いものもあります。数の上ではこちらの方が多いでしょう。

それについて、天は次のように言っています。


かかわりの浅い人についても過去世は影響している。

あなたが人に嫌な思いをさせた人が多ければ多いほど、あなたに温かい態度をとる人は減っていく。それと同じように過去世であなたが冷たくした人の数だけ、冷たく接する人に出会うことになる。

すべての人に温かく接する人生を繰り返していたならば、あなたは温かい態度をとる人々とともに生きることになる。

人にはいろんなタイプがあります。明るく温かい人のそばには寄りたいし、暗くて冷たい感じがする人には近寄りたくありません。これもその人が歩んできた過去世のありようが反映しているのでしょう。暗くて冷たい感じの人は、早く気づいてその心理プログラムを「私は人と楽しく過ごすことができる」「明るくおしゃべりすることはよいことだ」に書き換えるとよいでしょう。その方法については、第3部第15章で詳しく説明します。

第5章　生まれ変わりを卒業するとき

1. 守護霊が日常生活をサポートしている

ここで少し「先祖霊」と言われているものについて、見てみましょう。先祖の位牌と墓があり、お盆がありますが、これらは霊的世界でどのような位置を占めるのでしょうか。天は言います。

ふつうの人間の死んだ魂、すなわち先祖の霊は行き来していない。ただし、お盆に先祖の魂が戻ってくるといわれるように、宗教的文化的伝統によって異なるが、先祖の魂が戻ってくるときを設定している。そのときだけ、先祖の左渦巻き「私」意識実体が右渦巻きのこの世に戻り、そのエクトプラズム（思念体）を親族のエクトプラズムと重ねることができるのである。

先祖の霊は、通常、「この世」と「あの世」を自由に往来することはできません。けれども、お盆は、日本では「この世」の人々が先祖を迎える霊的条件を社会文化的に作っているので、先祖霊は戻ってくることができるとしています。

それは、日本の各地方・地域に住んでいるほとんどの人が強くそう思うことによって、あの世の先祖が地上に戻ってくることができるエクトプラズム（思念体）の場が、そこにできるからでしょう。

そして、自由に往来するケースの、もう一つが「守護霊」の存在です。

星の神は、わが子の魂の旅を見守っている。次の人生の目的、課題、使命や誰を親にするかなど情報、助言を与え、魂に決めさせてから、受精卵に魂を重ね、誕生まで自分のエクトプラズムも重ねて見守っている。

誕生後は二人の守護霊に任せて離れ、遠くから見守っている。死後の魂のなかで唯一右渦巻き世界にエクトプラズムを出して、子孫をサポートしながら学びをしているのが、守護霊である。

二人の守護霊とは、父系の男性と母系の女性の一人ずつだそうです（筆者の場合、父系は祖父の祖父、母系は祖母の母であるようです)。「日常的な生活におけるサポートはこの守護霊に任せている。そして、守護霊自身もその人とともに生活体験をするなかで勉強し、魂の経験を積んでいる」と天は言っています。

それでは、先祖は血縁関係（右渦巻き世界）であるということと、先祖から守護霊が来る（左渦巻き世界）ということとは、どのように関連しているのでしょうか。天は次のように言います。

守護霊は、そもそも何か、と言えば、それは先祖が子孫を守りたいという強い思いをもっていたことに由来する。知ってのとおり、生物的な自己保存の法則が人々に強く浸透しているからである。だから、先祖は何らかのかたちで子孫に保護を与え、子孫繁栄を実現したいと思う。その思いが天界でも続いており、先祖たちのなかで、まだ霊界にとどまっている者のなかから、二人がその任に当たるのである。

その際、遺伝子は、人の気持ちをつなぐ基盤となるという役割をもっている。先祖霊たちは今なお人々の生き方に深く影響を与えている。

祖先崇拝は、時代や地域を越えて根強く存在しています。お墓はその象徴です。守護霊は、このような崇拝と慣行に関連しながら、独自のサポートシステムになっています。日常生活においていろいろ苦難がありますが、そういったことについては守護霊に親しく話しかけてサポートしてもらうのがいいようです。

2. 出生年月日時と運気サイクル

運気（あるいは運勢）がいいとか、悪いとかいう言い方をしますが、実際にそんなことはあるのでしょうか。天は、あると言っています。

運気サイクル（2012年12月12日受信）

出生の年月日時は、運気サイクルを左右する。運気は守護神の星の位置に関係している。守護神が子の魂の親としてサポートし続けているが、星の神々は互いに協力して魂の子育てをしている。

地球の自転、公転によって地球と星との位置関係が脈動的に変化する。星の神々はそれぞれの得意を活かして人間をサポートし、恩恵を与えている。

運気とは星の神々の集合的サポートの脈動を意味する。その人の生体マトリクスが右渦巻き世界に確立する年月日時の地球の太極（生体マトリクス）と、星々の位置関係が運気サイクルに関係するのである。

人が生まれてきたときの守護神の星の位置は、人それぞれ千差万別です。そして、「守護神の星が夜空にあらわれる季節に運気は上昇する」とも天は言っています。また、守護神だけでなく神々の集合的サポートがあるので、単に守護星が見えるか見えないかの問題ではないようです。守護星と他の星々の位置関係、そしてそれが変化する脈動によって、その人の運気が変化するということのようです。

その長いサイクルは7年であり、「厄年とは7の倍数の年である。男女に違いはない」と天は言います。7年のなかの前半なのか、後半なのかが判断の上で大事であり、たとえ厄年など悪い運気であっても、それは将来よくなるという希望につながるから、「未来への励ましになる。7年のなかの後半にさしかかり、今から運気が悪くなる人は、何に気をつけるかを守護神に尋ねるならば、守護神はそれに答えることができる」と言います。

また、「黄道十二宮、四柱推命、陰陽五行説は、その運気サイクルを読み取るのに役立つ」と言っています。

ちなみに、月は西洋ではlunatic（狂気の）という意味をもち、タロットカードでも月は「不安定な状況」「迷い」を示すようです。天は「満月は生体マトリクスの精妙エネルギーの流れに不調和をもたらす」と言っていますが、それは月が太陽の光を反射して地球に送るために、太陽と地球、地球と星々の精妙エネルギーの関係に撹乱が起きるから、のようです。

3. 神が人間をサポートするとき

天によると、神は人の受精卵に魂を重ねたあと、「誕生後は遠くから見守っている」そうです。それでは、いつどんなときに神は私たちをサポートしてくれるのでしょうか。

神々は、人間が自分の頭を使って主体的に努力することを、インスピレーションを与えるなどして、人間にわからないかたちでサポートする。「この世」は、人間が社会的体験をして、気づきと学びを得る場である。

神々は、人間の失敗体験も魂の学びのプロセスと見て、その機会を奪わないのである。そして、そこに人間の気づきと学びがあるならば、神々は全面的にサポートに入る。

神々は、人間が主体的に努力するとき、また自分で「気づき」、「学ぶ」ときにサポートする、と言っています。

これを劇的なかたちで表している、東日本大震災の被災者の体験があります。それをここで引用させていただきます。

事例５－１

大友陽子さん（名取市）の体験

「母を亡くしてから、陽子さんは生きる気力も失うほど落ち込んでいた。……縦笛ケーナと出会って「ギリギリのところで助けられた」という。……一心に練習をつづけた。……陽子さんは、初めてコンサートに出演した。……「あのときは呼吸ができないほど緊張していて、首から肩にかけて重石《おもし》を乗せたような感じでした。うまく吹くことより、心を込めて吹こうと思ったときです。天井から四角い光の柱が降りてきて、やがてキラキラ輝く細い柱になって私の体を貫いたんです。その瞬間、首も肩も軽くなり、呼吸も楽になって実力以上に演奏できました。終わったとき、ウォ～という歓声が上がったのを覚えています。あの光はなんだったんでしょう。母じゃないにしても、誰かが私を守ってくれたような気がします。……」」（奥野、２３３－６頁）

この光について、天は次のようにコメントします。

その光は、陽子さんの守護神（魂の親である神）が降ろした光である。神は、陽子さんが一生懸命に被災者のために吹こうと思ったことを感じて、サポートした。

神は彼女の精妙体を神の光で包み、彼女がなんの慮《おもんぱか》りもせずに心の底から吹けるようにさせた。それは聴衆に伝わり、皆と感動をともにすることができた。

まさに、この光は陽子さんの守護神の光だったのです。神の思念体とその「私」意識はこの光に重なって降りてきて、陽子さんの魂に重なり、また聴衆を包んだのです。陽子さんは、緊張から自由になり、心のすべてをケーナの演奏に注ぎ入れることができました。陽子さんが被災者のために一生懸命に吹こうとする意志が、神に通じたのです。

このことを、神と人間の「自由意志」という視点からとらえた天の言葉があります。

神々は、人間の左渦巻き（魂）の自由意志を越えて介入することはできない。神々の介入には、個々人の合意が必要である。

左渦巻きにおける意識実体間の原理として「相手の同意があって初めて影響を及ぼすことができる」ということがある。したがって、人間は自由意志をもっており、神々は人間の自由意志を無視して人間を動かすことはできない。

神は、神どうしの自由意志を尊重し合うので、人間の自由意志も同じように尊重するというのです。

ここには、神がサポートしてくれるのも、してくれないのも、人間の意志しだいという厳しい面を含んでいるように思われます。安易な神頼み、御利益《ごりやく》願いに神は応じてくれないようです。あくまで、人間が自由意志において、「気づき」をもって天の摂理にそったふるまいをするときに、神々は大きなサポートをしてくれるのです。先述の陽子さんの事例がそれをよく表しています。

4．使命は神からの「お使い」

人生の課題に気づくことがとても大事であるとわかってきました。それでは「気づき」はどのようにやってくるのでしょうか。それは心（良心）の痛みとしてやってきます。

心の痛み（２０１３年１月８日受信）

①良心とは守護神の心である。

②良心の呵責は、守護神のメッセージである。

③自責の念は、魂が責めていることである。
④自己嫌悪は、魂の悲鳴である。
⑤魂は、摂理にそって生きることを願っている。

良心という言葉は、昨今あまり聞かれなくなりました。というより、この「お金第一（money first）」の資本主義社会が、良心をもつことを許容しなくなったからです。そして、日本では政権の代表者たちが良心に何重もふたをするような言動を繰り返し、国民の良心を麻痺させています。

良心に背く行為を行ってしまうとき、自責の念や自己嫌悪に陥りますが、それはまさに魂が「それはまちがっているよ～」と悲鳴を上げているのです。今の時代、それはストレスとなり、うつや精神分裂などの心の病へとつながっています。

本来、心の苦しみを通して、人が摂理にそって生きるようにと神がうながしているのです。それをブロックしているのがカルマです。そして、現代社会の「資本主義と国民国家」というしくみが、外から、カルマを解除することを妨げています。

自分の魂の解放（カルマの解除）のためには、本書で取り上げる「魂のクリアリング（浄化）」とともに、社会を「資本主義と国民国家」から解き放たなければなりません。

そのような人類レベルの人生の課題を、天は「使命」と言います。

使命（2012年8月受信）

使命とは、生まれる前に神々から頼まれたことで、それを受け入れてこの世にやってきている。すべての人に使命があるわけではない。また、多くの人は使命とは気づかずにこなしている。

使命は、親が子どもに買い物のお使いに行かせるように、必ず親としての神がかかわっている。だから、使命の実現には、お使いを頼んだ神々のサポートがある。

使命とは、他の人々の魂の成長を助ける、また世の中をよりよく変革していくという課題を、その人の個性と能力によって遂行することでしょう。これを行う人は、けっしてカルマにまみれ、未熟なふるまいをする人ではなく、気づきと良心をもって自分の魂の成長に努めてきた人でしょう。

ですから、使命は神が一方的に与えるものではなく、本人がそれを自分の人生の課題と重ねて引き受けるものである、ということです。神もそれを承知で「お使いに行かせる」のです。

人間時代に現実世界で華やかに活動した人が、霊的に見たときに必ずしも成功した人生を送ったということではない。自分が生まれる前に設定した課題や使命をやりとげて、戻ってきたかどうかがもっとも大きな問題である。

この世で華やかに活動したかどうかではなく、むしろ、重い障害をもって生きた、あるいは不遇の人生を送ったような、この世的に見るとマイナスなイメージがあっても、生まれる前に設定した課題をやりとげたとして、霊的世界では自分も満足し、まわりからも称賛されるケースも多い。

人は立身出世やサクセスストーリーを求めて生きていくようにしむけられています。しかし、それは神や魂の目から見て（霊的に見て）それほど価値あることではありません。生まれる前に設定した課題や使命をやりとげたかどうか、が一番大切なのです。

5. 魂がアセンション（上昇）し高次魂となる

天の摂理からの逸脱に気づき、それをさまざまなふるまいを通じて克服し、自発的に天の摂理を自分の生き方とした人たちは、どうなるのでしょうか。それを天は〈アセンション〉という言葉で表しています。

人は死ぬとその魂が昇天します。人の魂は質量のない、純粋な思念ですから不滅です。そして、何度もこの世に生まれ変わって、さまざまなふるまいと体験を通じて魂の成長を図るのでした。

アセンション（ascension）とは、英語の普通名詞で「上昇」を意味し「魂が上昇して神とともに生きること」を意味します。

天はアセンションについて次のように言っています。


アセンション（2013年3月27日受信）

アセンションとは、魂が100万年の旅を終えて親である神のもとに還ることを意味する。魂は100万年前に神の思念体から分かれて、幾千回の人生の旅を続けてきた。

アセンションとは、魂がその親である神の存在に気づき、神に導かれて神の思念体のもとで神とともに生きることである。

神の思念体のもとに戻ることは、魂が親の思念体に溶け込むことを意味しない。溶け込むことも消滅することもない。現実世界の言葉を使えば「永遠の生命」になるのである。

人間の魂は、動物の魂と違って、個体性をもっていますから、親である神（守護神）のもとに還っても、その思念体のなかに溶け込んでなくなってしまうことはありません。個体性をもったまま、神のもとで〈高次魂（higher soul）〉として「永遠の生命」を得るのです。もはや、人間に生まれ変わることはありません。

守護神は全人類を救いたいという願いをもっている。親元に戻った魂は、高次魂として守護神とともに全人類の魂を救う活動を永遠に続けるのである。神々は地球の太極（生体マトリクス）に思念体を重ねており、高次魂は神々とともに地球を見守っていくのである。

守護神だけが魂をアセンションに導くことができる。アセンションは次の三つの場合に生じる。

①魂の思念体の質が神の思念体の質に高まったとき
②ＳＶＯ活動（人を対象とする心の働きかけ）の質が最高のレベルに達したとき
③魂のクリアリングが完全に達成されたとき

山頂に登る三つのルートがあるということである。神の思念体の質に高まるとは、神の全人類を救いたいという願いを魂が共有することである。

高次魂となった魂は、現実世界に自由に出入りします。この世の世界が見えるのです。神々とともに人類の営みをサポートする活動をし、またそのなかで成長していきます。

アセンションへの道が三つ示されています。

①は、瞑想、思索や活動を通じて「私」意識が高い質になった場合です。たとえばブッダやイエスのように。

②は、この世でのＳＶＯ活動が多くの人を救う献身的、自己犠牲的なものであった場合です。たとえばマーティン・ルーサー・キング・ジュニアやマザー・テレサのように。

③は、その人の努力と天のサポートによって、その人がもつカルマ（反摂理の心理プログラム）が完全に解除され、魂の完全なクリアリングが達成されたケースです。

これまでの人類の歴史のなかで人間として魂を成長させ、神々の資質に到達した存在としての高次魂が多数存在する。高次魂は、人間に生まれ変わることなく神の計画実現のために、使命を帯びた人々がその使命を実現できるようにサポート（守護）している。

高次魂は多数存在するといっています。①、②にあげた４人の方は皆がよく知っています。このように有名な方だけではなく、無名の方も多いと思います。

他方、魂の親である守護神は、その人の魂を前生、今生、後生を一貫して守っているのです。

人間の高次魂と神それ自体を混同してはなりません。ブッダやイエスは「聖人」であり高次魂ですが、神ではないのです。

高次魂の役割について、天は次のように言っています。

ある人間が今生で使命を果たそうとするとき、その使命に適した高次魂が複数、その人をサポートする。他方、守護神である星の神は、その人の魂を前生、今生、後生を通じて守っている。

高次魂は、使命をもった人々を、それぞれの個性にそくして3人が協力してサポートしているとのことです。MM氏が天に聞くと、筆者をサポートしてくれているのは、プラトン、リンカーン、コルベ神父の高次魂だそうです。筆者の人生を振り返ると、もちろんこれらの人々ほどの高い意識の質はもてませんが、学術活動においてはいろいろなかたちをとってイデアがテーマとなり、社会活動では組合活動、市民的・政治的活動を行いました。また福祉的な活動では震災被災者支援や精神障害のある知人たちの日常的サポートを、そこまでやらなくてもよいだろうという感じでやってきました。高次魂三者のサポートについて、私自身非常に納得するものがあります。

コラム

高次魂となったマーティン・ルーサー・キング・ジュニアの人生

マーティン・ルーサー・キング・ジュニアは、１９２９年1月15日に生まれた、アメリカ合衆国のバプテスト派の牧師でした。１９５５年12月にモンゴメリーで、黒人のローザ・パークスがバス内で白人に席を譲らなかったとして逮捕されました。キングはこれに激しく抗議して運動の先頭に立ちました。１９５６年11月に、連邦最高裁判所からバス車内人種差別容認に対する違憲判決を勝ち取りました。

この運動の成功によって、公民権運動はアメリカ全土に広がりました。１９６３年8月28日、キングたちは首都ワシントンにおいて、リンカーンの奴隷解放宣言１００年を記念する大集会を開き、参加者20万人を集めました。キングは、リンカーン記念堂の前で有名な〝I Have a Dream.〟（私には夢がある）の演説を行い、人種差別の撤廃を訴え広く共感を呼びました。

「私たちは今日も明日も様々な困難に直面するでしょうが、それでもなお、私には夢があります。それはアメリカの夢に深く根ざしている夢です。私には夢があります。それは、いつの日かこの国は立ち上がり、『われらは、これらの真理を自明のものと信ずる。すなわち、すべての人間は平等に造られている』という、この国の信条を生き抜くようになるだろうという夢です。」（黒﨑真著『マーティン・ルーサー・キング』114–5頁、岩波新書、2018年。ただし聴衆の応答、［拍手］は省略）

国内の世論も盛り上がりを見せ、ついに1964年7月2日に公民権法（Civil Rights Act）が制定されました。これにより、建国以来200年近くのあいだアメリカで施行されてきた、法の上における人種差別が終わりを告げることになったのです。

1968年4月4日、テネシー州のメイソン・テンプルで〝I've Been to the Mountaintop〟（私は山頂に達した）と遊説しました。その後、白人男性の累犯者に暗殺されました。墓標には「ついに自由を得た」と刻まれています。

暗殺の前日にキングが行った演説の最後の部分は次のようなものでした。

「さて、私には今何が起こるかわかりません。とにかく、われわれの前途には困難な日々が待ち構えています。しかし私にはそれはもう問題ではありません。なぜなら私は山頂

（Mountaintop）に登ってきたのですから。私は心配していません。どなたとも同じように、私も長生きはしたいと思います。長生きにもそれなりの良さがあります。しかし、そのことにも私はこだわっていません。私はただ神の御心を行いたいだけです。神は私に山を登ることをお許しになりました。私は辺りを見回してきました。そして『約束の地』を見てきました。私はみなさんと一緒にそこにはたどり着けないかもしれません。ですが、私が今晩みなさんに知って欲しいことは、われわれは一つの民として『約束の地』にたどり着くのだということです。ですから私は今晩幸せです。何も心配していません。誰も恐れていません。私の目が主の来臨の栄光を見たのですから。」（黒崎著、202-3頁。ただし聴衆の応答、「拍手」は省略）

第2部

神々と宇宙と人間と

第6章　神々の「DNAプロジェクト」と「魂プロジェクト」

1．人の魂がこの世に生まれ出るとき

私たちは今、名前をもち個性（個体性）をもって、生きています。「どうして私は、別の人ではなく、このような親のもとに○◇という名前をもつ私として、生まれてきたのだろうか」と不思議に思うことがあります。天は次のように言います。

愛し合う男女がセックスをして、精子の遺伝子と卵子のそれが合体する。受精卵のなかで、一人の遺伝情報が成立する。まさにその遺伝情報の成立の瞬間こそ、神が思念体を受精卵に重ねて、魂にする瞬間にほかならない。

人間の魂は星の神々のエクトプラズム（思念体）の分身である。すなわち神々の子である。

こうして、生物であり、しかも魂である人間が誕生するのですが、神は自分の思念体をその人の受精卵に重ねて、その思念体の一片を魂とするのです。そして、この世に生まれ出るのです。

現実世界に生きる準備ができて子宮から体外に出たとき、魂の「私」意識が受け取っていた守護神の「声」は聞こえなくなる。はるかに離れた天空の星の輝きを守護神とは知らず、見上げることになる。

前世を記憶する子どもたちでも、5、6歳を過ぎると前世記憶をなくしていくのですが、多くの人は、生まれたときに、それ以前の記憶を失って生まれてくるのです。

一方、神の方は、自分から分かれた魂は、いつも見えているのです。

守護神の星の光は地球の太極（精妙エネルギー体）に届き、守護神の「私」意識は地球のどの場所でも活動できる。守護神の方はその人の人生の歩みと心のなかのすべてが見えているが、人間の方は守護神の存在はわからない。

満天に輝く星の数ほど神々はいます（4億と天は言います）。神々も多様性があり、それぞれ「私」

意識をもっているので個性があるのです。ですから、人の魂も、その親になる神の個性を受け継いでいます。

肉体の上では親は肉親の父と母です。しかし、魂の親は神なのです。

私たちは、神から魂を分与されていながら、その神を知ることなく、また神の住まう星の光の意味も知らずに、日々を送っていることになります。

2．１００万年前に神々が始めた「魂プロジェクト」

このようなメカニズムで魂が生まれるようになったのは、宇宙の歴史のなかではまだ新しいことなのです。神々が「魂プロジェクト」を行ったのは、１００万年前でした。

神々は地球に知性をもった生命体を育て、天の摂理を地上に実現できる人類社会を構想しました。天は多くのメッセージを降ろしてきましたが、その一つ「猿が人間になるにあたっての労働の役割」（２０１３年1月26日、30項目受信）から抜粋しましょう。

１００万年前、進化した２本足で歩く猿が登場した時点で、天の神々は、人間の魂プロジェクトを実施した。

神々は、直立二足歩行に注目し次の7点において、2本足で歩く猿に進化の可能性を見た。

①首の骨の上に垂直に頭蓋骨が乗っており、より大きな前頭葉神経ネットワークを収納できる頭蓋骨に進化する可能性がある。

②自由になった前足を、手として道具を作り、労働して生きることができるように進化する可能性がある。

③道具を作り、労働する手の動作は、脳の前頭葉神経ネットワークを発達させ、思考力を発達させる。

④直立二足歩行により、天に垂直に向けた背骨と頭蓋骨の構造から、地球に近い第1チャクラから天につながる第7チャクラまで配置できた。

⑤手にチャクラを配置することで、過去世の労働から学んだ教訓のプログラムをおき、人生を繰り返すごとにより高い手の技能を獲得できるようにした。

⑥直立したことで、首においた第5チャクラと精妙エネルギーボディに言語機能を割り当てて、人間同士の言語コミュニケーションをとるように設定できた。

⑦足にもチャクラをおいて、生まれ変わりをとげるなかで、単に歩行のためだけでなく進化する可能性を与えた。

そして、実際、ある新聞に100万年前を境に石器が大きく進歩した、という記事が載りました。

「エチオピアのコンソ遺跡で、日本・エチオピア合同調査隊が175万年前の世界最古の『握りおの』などの石器を発見した。形を意識して加工された最古の石器という。同じ遺跡の約100万年にわたる地層からは多数の石器が見つかった。……（中略の意、以下同じ）見つかった350点の石器を比べると、100万年前より古い時代の石器は分厚く粗雑で、以降の石器は薄く丁寧に削られていた。」（『朝日新聞』2013年1月29日朝刊）

しかし、魂をもったといっても、まだ脳の発達が低い段階であったので社会を秩序立てて作ることができませんでした。石をもって相争い殺しあったのです。

100万年前の2本足で歩いた猿の前頭葉神経ネットワークは未発達であり、思考能力は低かった。100万年前に成立した最初の人類は2本足の猿であった。猿の社会構造のままに手で石をもつことができるようになった。メス猿と食べ物の独占をめぐってボス猿間の闘争が起き、さまざまな類人猿が絶滅していった。

天の言っていることは、こんにちの「チンパンジーの同種殺し」に関連しているかもしれません。新聞記事「チンパンジーの同種殺し　競争相手減らす戦略」は次のように伝えています。

「チンパンジーが同種を殺す場合があること……こうした行動は食料や交尾相手をめぐる競争を減らす適応戦略の結果であることがわかったと、18日発行の『ネイチャー』に発表しました。

……国際研究グループは、最長で53年の観察が続けられている群れを含む18のチンパンジーの群れと、チンパンジーに近縁でアフリカのコンゴ民主共和国だけに生息しているボノボの４つの群れについて、同種殺害の記録を調べました。

チンパンジーでは15の群れで58回の同種殺害が目撃されており、推定されるものも合わせると１５２例に及ぶことがわかりました。一方、ボノボでは１つの群れで１例があるだけでした。

研究グループは群れの置かれたさまざまな状況について検討しました。その結果、もっとも頻繁に同種殺害が行われた群れは人間活動の影響をあまり受けておらず、餌付けもされたことがなかったこと、逆に同種殺害が一度も観察されなかった群れは人間活動の影響を受けていたことなどがわかったといいます。

大部分の同種殺しは、雄たちが近隣の群れの雄を殺すというものでした。これは同種殺しが適応戦略の結果であることを裏付けるものだといいます。」（『しんぶん赤旗』２０１４年９月18日）

このような種の絶滅を避けるために、神々は何らかの対処をしなければなりませんでした。それは、人間の魂に独立性を与える、という前代未聞の実験でした。

3. 魂に独立性を与えるという宇宙的な実験

神が人間に魂を与える、ということがどういうことなのか、もう少し詳しく見ておきましょう。天は言います。

この人間の魂プロジェクトにおいて、個々の魂は守護神の「私」意識から独立し分離した「私」意識であるが、時空をもたない思念体(エクトプラズム)が分離できるわけではなく、分離したのは「私」意識であり、思念体はそのまま守護神のものとしてある。
魂は、死後も神の「私」意識実体から独立してあり、繰り返し人間として生まれ変わる時空をもたない非存在の実体となった。

神は、物質・エネルギーではなく、思念体（エクトプラズム）です。これは時空をもちませんから、分離するというようなことはできないのです。しかし、思念体の中心に「私」意識があります。「私は私である」とするそのような意識です。

神は人間にこの「私」意識を分離して与えたのです。それが魂です。魂は、ベースとなる思念体では神とつながっていますが、その中心の「私」意識だけが分離されているのです。そして、その「私」意識に強い独立性を与えたのです。

星の神々は、地球の回転で星の光が届かなくなるときを利用して、星の「私」意識のなかに独立した「私」意識を成立させた。人類の魂の誕生である。

このように、人間の魂は神と「つながって神のなかにある」と同時に、神から「分離し独立している」という二面的な関係を正しく理解しなければなりません。

天によれば、この天の川銀河だけでも生命体のいる星が地球を入れて12あり、そのうち知性体のいる星が6あるそうです。しかし、神から一定の独立性をもった魂をもつ知性体は、地球のみである、と言っています。

神々のこのような試みによって、人類はようやく知性を高めていき、20～30万年前から現生人類（ホモサピエンス）が登場し、10万年前から地球上に広がっていくことにつながったのです。

彼らは武器をもった争いを収束させ、また群婚制を採用することによって共有と協力の社会を形成することになりました。こうして、メスと餌をめぐる抗争と殺戮は終止符を打ちました。現生人類は、その後9万5千年のあいだ、共有社会を築いて平和的に生きる時代を過ごしました。

しかし、5千年前に人類の農耕定着の文明が始まり、国家と階級が生じたために、再び紛争と殺戮の時代になっていきました。それによって、こんにち、戦争、核兵器、生態系破壊、野生動物からのウイルス感染など奥深い悪が広がっています。天と神々は、地球人類がこのように神の摂理から離れ、悪の道を広げていって自滅することを危惧しています。神々にとっての壮大な実験の成否は、現代に生きる我々人類の英知にかかっているのです。（悪の問題は、第3部第13章で考察します。）

4. 30億年前の「DNAプロジェクト」により地球の生命世界が生まれた

ところで、地球において、類人猿に魂を与えてこんにちの人間を生み出した神々ですが、そもそも地球惑星に生命を進化させるという準備段階が必要であったはずです。それを行ったのが、天と神々の30億年前の「DNAプロジェクト」でした。

少しエピソード的になりますが、宇宙の神々は白く輝く全球凍結（スノーボールアース）の地球を見て関心をもち、その全球凍結が放つ光に神々の思念体を重ね、地球に未来の生命誕生の可能性を見たそうです。そして、ここに生命を進化させるための事業を始めようと皆で意思決定した、と天は言っています。ちなみに、スノーボールアースについては次のようにも言われています。

「これまで、約七億～六億年前の、原生代後期におけるスノーボールアース・イベントを中心に話をしてきた。この時期、地球は二度にわたって全球凍結を経験したのである。実は、全球凍結イベントは原生代前期の約二二億年前にも起こったのではないかと考えられている。」（田近英一著『凍った地球』１３２頁、新潮選書、２００９年）

確定的な結論は出ていませんが、二酸化炭素の大気中濃度の低下や今より弱かった太陽熱などさまざまな要因で生じるのではないか、と議論されています。

神々は、星や岩石など物質の構造体を作ったりすることはできませんが、精妙エネルギーが構成する原子と分子という微細なレベルには影響を与えることができるのです。

天は言います。

30億年前、原始生命にＤＮＡを降ろし、生命世界の豊かな発展を企画したのは神々である。

そしてその後、「私」意識（魂）を生み出し、哺乳類と鳥類の受精卵に魂を重ねてきたのは神々である。

ＤＮＡ（deoxyribonucleic acid）は、核酸の一種で、地球上の多くの生物において遺伝情報の継承と発現を担う高分子生体物質です。短期間に生成崩壊する細胞は、ＤＮＡの発する情報によりその生死をコントロールすることによって、細胞の高次の構造である組織や臓器を形成することが可能になったのです。地球という星を舞台にして、生物の前進的な進化が始まったのです。

神々にとって地球の展開は、楽しみであり喜びである。豊かで美しい自然、澄んだ大気、そして人間同士のよい関係が、人間にとって心地よいように、神々にとっても心地よい場なのである。

人間とその他の生物が共存し、「豊かで美しい自然と人間同士のよい関係」がこの惑星地球に生まれることとは、神々が願っていることです。地球は、それゆえ、人類だけのものではなく、神々を含めた宇宙の共有財産（コモンズ）であるのです。

地球は人間をはじめとした地球の生命体だけのものではなく、神々を含めた宇宙的共有財産なのである。人類の暴走を止め、人々が摂理にそって生きる人類社会を作ることは、神々にとっても重要な課題となっている。

地球にすばらしい人類社会を作ることを神々は願っているのです。対立し合い戦争を起こす国民国家を乗り越えて一つの世界政府をもち、人間がお互いに尊重し合い、協同して生産を行ってその生産物を分かち合う（シェアする）ようになる社会を神々は望んでいます。それは天の摂理が実現する社会です。

コラム

「人間原理」と宇宙係数

青木薫著『宇宙はなぜこのような宇宙なのか　人間原理と宇宙論』（講談社、２０１３年）には、興味深いことが書かれています。この宇宙のなかで地球という惑星に人間が生まれることについては、宇宙係数に関して一つの「コインシデンス（偶然の一致）」が存在しており、これは「人間原理」とも言えるものである、という点です。すなわち、七つの物理量――電子の電荷、電子の質量、陽子の質量、重力定数、光の速度、宇宙の物質の平均密度、ハッブル定数の逆数――から、ボンディという人が三つの無次元量を作ったが、いずれもその比の値が10の40乗という値となった、ということです。

これについて天に尋ねたところ、次のような回答がありました。（２０１３年９月）

1　「人間原理」という言い方は正しくない。人間中心の発想であり、人間が住めるようにこの宇宙が調整されているわけではない。

2　七つの物理定数から導かれた三つの係数がいずれも10の40乗になることは事実である。

3　これは偶然の一致ではなく、地球を生命の惑星にする、神々の30億年前のDNAプロジェクトのなかの一環として取り組まれた。
4　DNAプロジェクトは、単にDNAを降ろしたのではなく、DNA構造成立のために必要な場の設定を行って降ろしたのである。
5　七つの物理定数のうち、電子の電荷、電子の質量、陽子の質量はイエス（調整した）であるが、重力定数、光の速度、宇宙の物質の平均密度、ハッブル定数の逆数はノー（調整しなかった）である。
6　定数の調整は、銀河系宇宙だけではなく、138億年の大宇宙全体、つまり数千億の銀河の高次「私」意識の合意をリレー的に得て行われた。
7　我々の銀河系にもいくつかの知的生命体が存在するが、地球以外で生命体の誕生のときに物理定数の調整が行われたことはない。

以上、要するに、地球の生物を系統的に進化させるために、天は30億年前にDNA形成プロジェクトを行ったが、それを可能にする前提条件として、全宇宙レベルで素粒子レベルの調整を行った、ということのようです。

人間側からすれば、「人間原理」と言ってしまいたくなりますが、天はあくまで地球に生物と人間が生まれるために、宇宙原理への働きかけを神々がともに行った、と言っているのです。

天の川銀河で生命体がいる星は前述のとおり12であり、そのうち知的生命体がいるのは６つの星ですが、このようなＤＮＡプロジェクトを行ったのは地球だけである、とも言っています。

ちなみに、惑星研究者の松井孝典氏は次のように言っています。

「物理学的に表現すれば、この宇宙は生命が誕生しやすいように、自然定数が微調整されているということになる。……なぜ、その値なのか？　誰もその理由を説明できない。誰かがそんな微調整をしたとすれば神様ということになる。

数学的な美しさが理由だということになれば……それを解説したのが『宇宙のランドスケープ』（Ｌ・サスキンド著）である。副題は「宇宙の謎にひも理論が答えを出す」というものだ……我々の宇宙は、初期条件としてのその真空のエネルギー密度が、たまたま人間原理に符合するような宇宙だったということになるのではないかというのだ。」（『毎日新聞』２０１７年2月3日夕刊）

しかし、天は、「ひも理論が言うように無数に宇宙があって、その一つがたまたま人間原理に符合して我々の宇宙があるのだ、という考え方はまちがっている。宇宙は無数にはないし、10次元あるという説も間違いである」と言っています。

第7章　宇宙と神々の誕生

1.「一つの始原」が二つに分かれる

さて、そもそも宇宙はどのように始まったのでしょうか。そして、神はいつから存在するようになったのでしょうか。

大きく二つの説があります。一つは、神が宇宙を創造したという説です。その代表が『旧約聖書』の「創世記」です。

そこでは、神は、1日目に光と闇を分け……6日目に獣と家畜を創り、神に似せて人を創った、とされています。

もう一つは、宇宙は物質・エネルギーの運動から生まれた、という自然科学の考え方です。ビッグバン仮説は、宇宙の背景放射や膨張の観察からこんにちもっとも有力な仮説になっています。この説では、もちろん神は登場しません。

天はどちらも否定して、神と宇宙の関係を次のように説明します。

物質宇宙とそのなかの星々は神が創ったものではない。それは物質の独自の運動法則からできあがったものである。しかし、物質宇宙の誕生とともに神々の基体である思念体も生まれた。物質宇宙と思念体は同時に発生した。

そして、その二つが同時に分かれて発生したというならば、それらが発生する前の一つのものは何であったのか、を問いたくなります。天はそれを「無属性の意識である」と言います。

コスモス（＝物質宇宙＋思念体）の生成原理（2012年9月受信）

（1）

コスモスの未分化の始源を「無属性の意識」と考えることができる。コスモスの根底にこの属性のない意識が横たわっており、そこから左渦巻き「私」意識実体と右渦巻きの時空のある世界に分かれた。

それは「フトマニ図」のアウワによく表現されている。

アウワ　ア＝天　ワ＝地

アは左渦巻き「私」意識実体「天」。

それに対応するワは右渦巻き銀河実体「地」になる。

真ん中の（ウ）は、左右両渦巻きが重なっているということを示している。

（2）
右渦巻きから①物質②植物③動物④人間という（低次から高次の）階層を設定することができる。

左渦巻きから⑧天⑦神々⑥高次魂⑤霊魂という（高次から低次の）階層を設定することができる。

右渦巻きの階層がすべて素粒子から成っているように、左渦巻きの階層はすべて「私」意識実体（エクトプラズム）から成っている。

銀河系宇宙を身体とするが天（神）であり、物的人体を身体とするが人間である。


「一つの始原なるもの」があって、それは「属性をもたない意識」であり、今もなお宇宙の根底をなしている。そこから質量のある物質宇宙と質量のない神の「私」意識実体が同時に二つ分かれ出た、というのです。

「私」意識の材料は「思念体（エクトプラズム）」であり、質量のある「時間・空間」の材料がヒッグス粒子である。

「エクトプラズム」というのは、ギリシャ語のecto（外の）とplasm（物質）を組み合わせてシャルル・ロベール・リシェ（1913年にノーベル生理学・医学賞を受賞する）が1893年に作った用語です。「外＝物質」という意味で、物質・エネルギーを全く含まないものです。（後に心霊術などで「正体不明の半物質」をエクトプラズムと言ったりしますが、それとは無関係で言葉の原義において言っています。）

さて、物質宇宙と思念体（エクトプラズム）のおおもとにあった「一つの始原」とはなんであるかについて、天は「無属性の意識」と言っています。「規定できない、説明できない、ある意識」ということです。

「属性をもたない意識」を説明することは至難のわざです。ここでは、まず古代ギリシャにおけるプラトン、アリストテレス、プロティノスの流れのなかで、考えてみましょう。

プラトン（BC427－347年）は「イデア」を究極の存在と位置づけました。馬は白馬、輓馬、ポニー、サラブレットなど多種の馬がいますが、それらは「似姿」であり真の存在ではなく、馬というイデアこそが真実在であり、そこから多種の馬が発出するのである、という考え方です。イデアの最高のあり方は「善のイデア」であり、それは「神」とも言えるものです。それを憧れ求める人間の気持ちが「エロース」なのです。プラトンは『饗宴』（鈴木照雄訳『プラトン』世界文学大系3「饗宴」、筑摩書房、1959年）で次のように言います。

「恋［エロース］はすべてのあの、よきものと幸福であることへの欲望なのです。」（プラトン、205D、128頁、［　］内筆者）

人間という物質存在と神という精神存在とをつなぐものが、プシュケー（心、魂）の働きである「エロース」なのです。その後、プラトンはこのイデアをどのように「ロゴス」（論理）として表すかに関心を集中していきます。

プラトンの教えを引き継いだアリストテレス（BC384－322年）は、イデアを質料（マテリア）に対する形相（エイドス）と位置づけてロゴス化を進め、その後の西洋の哲学を大きく前進させます。

プロティノス（AD205－270年）は、両者の思考の展開を踏まえた上で、イデアとロゴス、あるいはマテリアとエイドスの根底ないし始原に「一者」を想定するのです。

宗教哲学者井筒俊彦氏は『神秘哲学　ギリシアの部』（岩波文庫、2019年）において、プロティノスの「一者」を次のように説明します。

「かくして『実在と思惟の彼方』……に、絶対充実即絶対無としてのプロティノス的『一者』が定立された。」（井筒、272頁）

この「一者」は天の言う「無属性の意識」にかぎりなく近いものです。井筒は続けます。

「一者は叡知を生み叡知の原因であると共に、……全存在界の原因……であり一切万有の始源《アルケー》である。」（同、322頁）

つまり、「一者」は「絶対充実即絶対無」であり、そこから「叡知」と「全存在界」の二つが生じるのであり、それは「一切万有の始源」であるのです。

とはいっても、プロティノスにおけるその生じ方について、井筒は次のように言っています。

「一者」—「叡知」—「霊魂」—「自然」—「質料」（同、290頁）

これでは、「自然」―「質料」という物質（エネルギーを含む）世界が「霊魂」から生じるような説明になっています。これでは、「霊魂」が「自然（質料）」を生み出すという、きわめて不自然なものになります。

「一者は叡知を生み叡知の原因であると共に、……全存在界の原因であり一切万有の始源（アルケー）である」というのであれば、次のように表示するのが正しいでしょう。

「一者」

「意識（叡智）」――「霊魂」

「質量（全存在界）」――「自然」

そして、天が言っているのは、「始原」から「意識（叡知）」と「物質（質料）」が同時に分かれて発生したということですから、プロティノスと天はまったく同じことを言っていることになります。

さてそれでは、東洋哲学において「始原」ないし「一者」はどのようにとらえられているでしょうか。まず、老子（ＢＣ５７１？－４７１？年）の「道（タオ）」論を見てみましょう。老子は「道（タオ）」の第１章冒頭で次のように述べています。加島祥造氏による訳文で見てみましょう。

これが道《タオ》だと口で言ったからって／それは本当の道《タオ》じゃないんだ。
これがタオだと名づけたって／それは本物の道《タオ》じゃないんだ。
なぜってそれは道《タオ》だと言ったり／名づけたりするずっと以前から
名の無い道《タオ》の領域が／はるかに広がっていたんだ。

まずはじめに／名の無い領域があった。
その名の無い領域から／天と地が生まれ、
天と地のあいだから／数知れぬ名前が生まれた。
だから天と地は／名の有るすべてのものの「母」と言える。
（加島祥造著『タオ—老子』４－５頁、筑摩書房、２０００年）

ここで「名の無い」というのは、天が言う「属性がない」ということです。そして、それを

「道《タオ》」と名づけ、それが「天と地」に分けて世界を生み出し、「万物の母」となる、のです。「天と地」は、天の説明に照らせば、「思念（意識）」と「物質」であり、またフトマニでは天である「ア」と地である「ワ」と表されます。同じ発想であると言えるでしょう。

さらに仏教においては「空」の観念が「始原」にあたるでしょう。それを端的に表したものが皆さんよくご存じの「般若心経」の一節です。

……色即是空。空即是色。受想行識。亦復如是。
舎利子。是諸法空相。不生不滅。不垢不浄。不増不減。
是故空中。無色。無色無受想行識。無眼耳鼻舌身意。……

これを筆者なりに解釈してみましょう。

「色」とは、この世に現れ出ている多様な事物や観念体のことである。この「色」の根源をたどっていけば「空」に行き着く。だから逆に「空」はそこから多様な存在物を生み出すものである。感覚（受）、想念（想）、行動（行）、知識（識）もまたその根源をたどれば「空」であり、また「空」からそれらが生み出される。

シャリープトラ（釈迦の弟子の名前）よ。この世のなりたちは「空」によって基礎づけられている。それは、生じるということもなく滅するということもなく、汚れたものでも浄らかなものでもなく、増えもせず減りもしない。

この故に、「空」のなかには、色もなく、受想行識も含まれず、眼耳鼻舌で感じ味わうことも入っておらず、身体で受けとめ意志で働きかけるようなことがらも見いだすことができない。

以上のような解釈によれば、仏教における「空」とは「属性のない」なにものかであり、しかもそこからあらゆるものが生まれてくる始原なのです。

さらに宋学について、井筒氏は『意識と本質　精神的東洋を索めて』（岩波文庫、１９９１年）において、興味深い考察をしています。

「意識即存在という形而上的体験の事実によって、意識のゼロ・ポイント……が同時にまた全存在界のゼロ・ポイントでもあること、さらに……そのまま全存在界生起の源泉でもあるということである。……まさに朱子の『無極而太極』（無極にして太極）である。」（井筒、86頁）

「ゼロ・ポイント」は「始点」を今風に言ったものです。「始原」と同じです。ここでは、「意識」の始点と「全存在界」の始点が同じなのですから、その始点はすなわち一つの「始原」です。そして、この「始原」は「無極」なのです。「極がない」一つのもの、無属性のものです。それが同時に「太極」であるのです。「太極」は黒白（陰陽）のオタマジャクシのような図柄が重なって描かれている大極図を見るとわかるように、白（陽）すなわち物質と黒（陰）すなわち意識が同時に発生している有様を図にしたものです。二つのオタマジャクシの尻尾が図柄の奥でらせん状に回転していき、最後には一つの点、始原に終着します。

太極図

そして、陽（白）のなかに目のように陰（黒）が入っており、また陰（黒）のなかに目のように陽（白）が入っています。これは、双方のそれぞれが対手と一体的な相互関係のなかに入っていることを表現しています。対手なくしては双方とも存在できないのです。

この節では、「名前のない」「無属性の始原」が最初にあり、それは思想史のなかでプロティノスの「一者」、老子の「道《タオ》」、仏教の「空」、宋学の「無極」としてとらえられてきたことを見てきました。そして、天が言っていることですが、これらの「始原」から「物質（エネルギーを含む）」世界（陽）と「意識（思念）」世界（陰）が同時に発生したこと、そして、これら二つの世界はそれぞれ対手であるもう一つの世界なくしては存在しえないということ、を紹介しました。

2. ヒッグス粒子から素粒子、そして原子、分子へ

それでは、物質宇宙において、原子や分子、そして星や銀河はどのように生まれたのでしょうか。物質宇宙の根底にあるものは、近年発見されたヒッグス粒子である、と天は言います。

質量のある右渦巻き「時空」の材料がヒッグス粒子である。ヒッグス粒子が時間空間を形成し質量を生み出しており、それに対応して質量のない無時空の、左渦巻き「思念体（エクトプラズム）」が宇宙的に存在している。

ヒッグス粒子の充満が空間である。ヒッグス粒子の流れが時間である。

ヒッグス粒子の流れから、場を作る素粒子の流れと、渦を作る素粒子の流れに分岐して銀

河、太陽系、地球系が成立した。

物質宇宙の根底にあるのがヒッグス粒子であり、それによって空間と時間が形成されるのです。そして、そこから、「場を作る素粒子」と「渦を作る素粒子」のそれぞれの流れが分岐する、と言っています。さらに、そこから原子と分子が形成される、と。

これらの論点を最新の物理学の知見と照応させることは、筆者の力量を超えていますので、専門家による検討を期待するしだいです。

場に立脚して渦が成立消滅を繰り返し、脈動している。時間の流れのなかで場の拡張的変化が生じた。拡張した場に複数の素粒子の渦を構成要素とする高次構造が成立した。原子の構造である。

素粒子の複数の渦のエネルギーが、場によって封じこめられているのが原子である。

原子の構造を成立させている場が拡張的変化を遂げる。拡張した場が、複数の原子を構成要素とする高次構造を成立させる。分子である。

空間と時間、場を作る素粒子と渦を作る素粒子、これらの対立物の統一によって物質宇宙は成り立っている。そして、成立・維持・崩壊を繰り返しながらより高次の構造に展開していく。この対立物の統一、成立・維持・崩壊の運動は弁証法なのだ、と天は言います。

存在の法則は、成立・維持・崩壊を繰り返しながらより高次の構造に展開していくことにある。これが宇宙の高次構造へと展開する弁証法的唯物論の法則である。

天は、弁証法的唯物論は正しい、と言っています。「神は観念論の産物である」と多くの人が考えていますが、神自身は弁証法的唯物論者なのです。

さて、天はこの主張に続けて、原子力エネルギーについて厳しい警告を発しています。

原子力エネルギーは、原子の構造を成立させている原子の場を崩壊させ、原子内部の素粒子の渦のエネルギーを取り出すことである。これは宇宙の根本法則に反することである。宇宙の成り立ちを破壊することである。

核兵器が宇宙と人類の根本法則に反したものであることは、誰の目にも明らかです。原子力発電については、いくつかの先進国で縮小の道を進み始めていますが、まだそれに固執している国があるのは残念なことです。

３．神は物質・エネルギーに影響を及ぼすことができるか？

そして、天は、素粒子の五つの種類を説明し、そのあとに思念体（エクトプラズム）について、おどろくべき発言をします。

素粒子には、①時間空間を生み出すヒッグス粒子　②磁場を生み出す素粒子　③電場を生み出す素粒子　④陽子、中性子、中間子、電子、すなわち原子を構成する素粒子　⑤光、の５種類がある。

天と神々の思念体（エクトプラズム）はこの五つの素粒子に重なり、活動する。

四つ目の「④陽子、中性子、中間子、電子」すなわち原子を構成する素粒子がどのように原子を構成しているのか、を認識することによって、エクトプラズムは素粒子に重なっているから、エクトプラズムの振動をそのまま素粒子の振動、すなわち渦として、陽子、中性子、中間子、電子を原子へと形成することが可能なのである。

それが可能なのは、エクトプラズムが、存在の根底のヒッグス粒子に重なっているからである。

ここでは、重要なことが言われています。素粒子はそれ自体の渦（右渦巻き）運動によって原子を構成していきます。それは物質自体の運動法則にのっとって行われ、その法則を変えることはできません。ただし、ヒッグス粒子に重なっている思念体（エクトプラズム）はその運動の法則性を認識することができ、その認識を踏まえ、「エクトプラズムの振動をそのまま素粒子の振動、すなわち渦として、陽子、中性子、中間子、電子を原子へと形成することが可能なのである」と言っています。自分の渦（左渦巻き）の振動を素粒子の渦（右渦巻き）に伝え影響を及ぼすことができる、と言っているのです。

物理学において、素粒子を観察すると、観察する(V)という行為が対象(O)に影響を与えることが確認されている。それは、人間の左渦巻き「私」意識(S)の放つエクトプラズム（思念体）が、素粒子に影響するからである。

量子力学の世界で、1個の粒子が二つのスリットを同時に通り抜け、波として干渉縞を生じさせるというかの「二重スリット実験」において、電子がどちらのスリットを通過したか、検出しようとした場合には干渉縞は発現せず、検出しようとしなかったときにだけ干渉縞が発現する事態が生じます。

「ある装置がどちらの孔を電子が通過したかを決定できるようなものであるときには、その装置は、干渉の模様を決定的に乱してしまうことのないような繊細なものではありえない」（ファインマン他著、砂川重信訳『ファインマン物理学Ｖ 量子力学』14頁、岩波書店、１９７９年）

このことと「素粒子を観察すれば、観察する（Ｖ）という行為が対象（Ｏ）に影響を与える」という天のメッセージと、関連があるのではないでしょうか。

原子、分子のレベルにおける天と神々の働きかけというテーマは、30億年前の「地球ＤＮＡプロジェクト」において実行され、また地球生命の進化のときどきにおいて遺伝子に働きかけた、という天のメッセージと照応する事柄でもあります（前出の「〈コラム〉「人間原理」と宇宙係数」参照）。

ところで天は、物質・エネルギーがなぜ「右渦巻き」で思念体がなぜ「左渦巻き」

なのかは、まだ説明できない、人間の知性がそれを理解できるまでになっていないからだ、と言います。それをわかりやすく表現しているのは、フトマニ図の中心のアウワのフトマニ文字だと言います（「〈コラム〉左渦巻きと右渦巻き—フトマニ図における表現」参照）。

ともあれ、物質・エネルギーの運動にはそれ固有の法則性があること、それを踏まえながら天と神々は量子（素粒子～分子）レベルで物質・エネルギーの運動、すなわち「渦」という運動に影響を及ぼすことができること、そして「渦の渦」「渦の渦の渦」である原子構造、分子構造という「構造」の形成に影響を及ぼしうること、を天は示しています。

「それは、人間が自然の運動法則を認識しながら、自然に働きかけていく労働と同じようなものですか？」と天に尋ねると「そう考えてもらってもよい」と答えがありました。もちろん、天の「労働」は原子が分子を作り、分子が分子構造を作るまでのあいだであり、分子構造より大きな構造には働きかけることはできない、と言っています。

4. 星々の誕生、銀河の形成

自然科学の探究によれば、星の誕生について次のように考えられています。

「宇宙の誕生から100万年後という節目には、これらの系［原子］は凝集をはじめ、巨大な星雲を形成するようになった。星雲形成は約50億年続いたと考えられる。……星雲がほぼ完成されるとすぐに（恐らく、既にインフレーションの10億年後になっていただろうと考えられる）恒星の形成が始まった。」

これが書かれているのは、アーヴィン・ラズロ著『進化の総合真理』（吉田三知世訳、104頁、バベル・プレス、2006年、［ ］内筆者）の第2部3章「物質の進化」においてですが、「この章は大筋で正しい」と天は言っています。

星が形成されると同時に、神の思念体はそれぞれの星に分かれてその光に重なり、個体的で個性をもつ神々になったのです。

このことについて天は、「夜空に輝く無数の星は、一つとして同じ星はない。それぞれに個性があり、得意とすることが違っている」と言っています。また、次のような言及があります。

宇宙に数千億個の銀河がある。銀河相互の接触による、コミュニケーションのネットワークが張りめぐらされているので、全宇宙のことを知ることができる。たとえば宇宙が

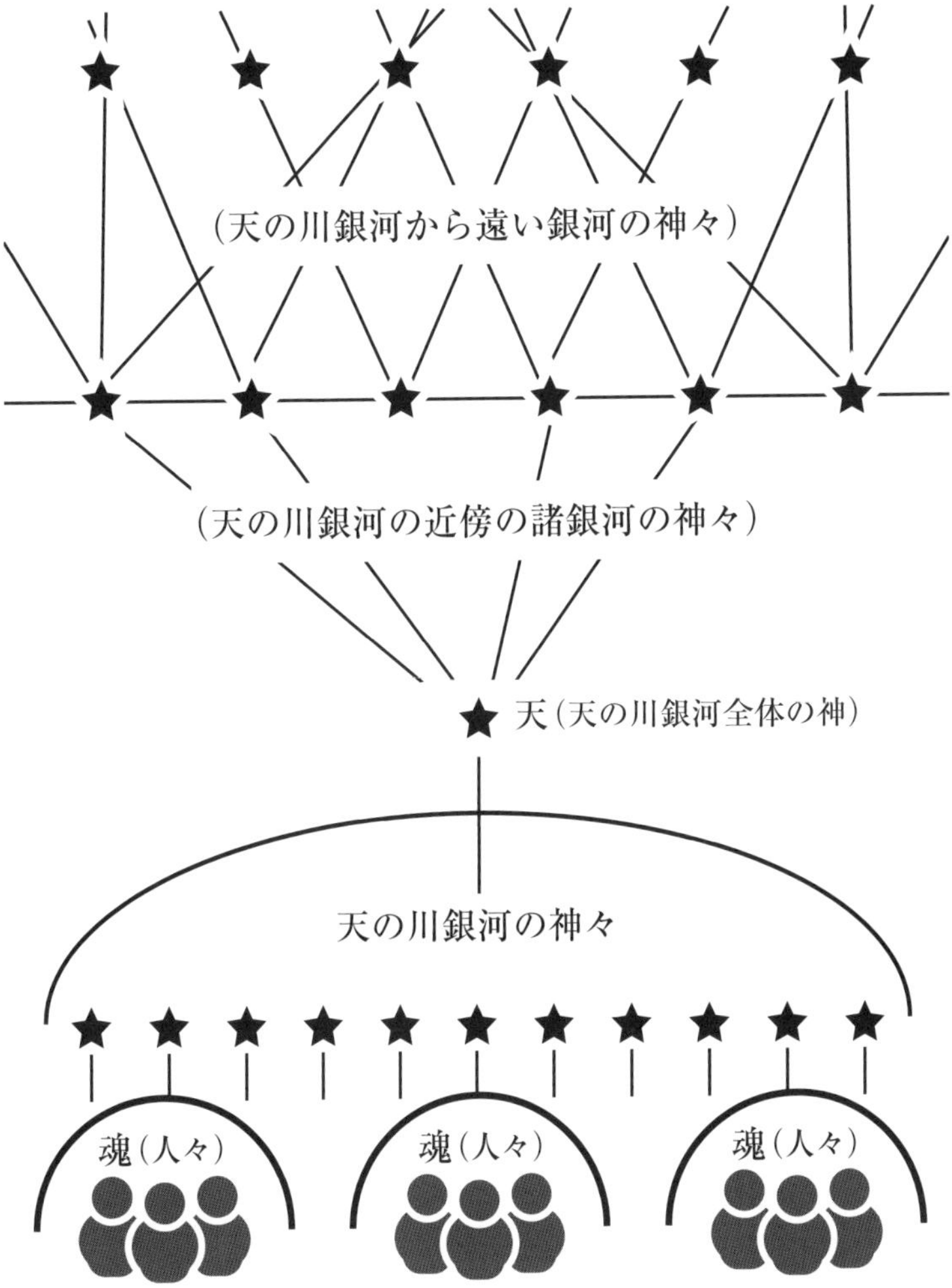

天と神々と魂、ならびに銀河の神々のネットワーク（模式図）

泡構造をなしていること、宇宙は膨張を続けており、今後もそれが続くことを知っている。

こんにち、天文学の世界では、観測可能な銀河は宇宙に2千億個あると言われています。天は、「天の川銀河の内部のことは直接知ることができるが、周辺銀河のことや全宇宙のことはそこに存在する高次意識実体（神）とのコミュニケーションによって知るのである」と言っています。

図は、天－神々－人間（魂）と、銀河系の神々のコミュニケーションネットワークを模式化したものです。

5．大日如来、ゼウス、ミカエルなど星の神々についている呼び名

星の神々に、私たちが知っている「勢至菩薩」、「阿弥陀如来」、「天使ハリエル」といった名前がついています。少し奇異な感じがしますが、天は次のように言います。

神々には、仏教、キリスト教、ゾロアスター教、ギリシャ神など多様な宗教の神々の名前がついている。それは、これまでの人類のなかで神への思慕が深い人の思念によってついた

名前である。すなわち、昔、深い思慕をその星の神に送った人が、自分の想いでその星の神に名前をつけたのである。

第12章で詳述しますが、神々は宗教を肯定していません。ですから、いろいろな宗教の神の名前をつけられるのは、神々の本意ではないのです。しかし、神への深い思慕をもつ人々の思念を、神々は甘んじて受け入れ、その名づけを自分たちの呼称としたということです。

それでは、天が紹介する神々の名前を見てみましょう。

太陽という燃える星自体を、自分の身体としている神はない。しかし、太陽系全体を身体としている神は、複数いる。大日如来、太陽神ラーなどさまざまの名前で呼ばれる五つの神がいる。

土星を身体としている神は三つである。たとえば勢至菩薩は土星を身体としている神である。

火星を身体としている神は五つである。たとえば、薬師如来は火星を身体としている神である。名前のとおり、病の治癒をサポートするのが得意である。

木星を身体としている神は三つである。たとえば、ゼウス（ジュピター）である。

海王星を身体としている神は四つである。たとえば、阿閦《しゅく》如来、天使ミカエルである。

冥王星を身体としている神は四つである。たとえば、阿弥陀如来、天使ハリエルは、冥王星を身体としている神である。

水星を身体としている神は、二つである。ゾロアスター教にでてくるアナヒタ、弥勒菩薩である。

金星を身体としている神は、三つである。たとえば、不動明王である。

天王星を身体としている神は二つである。たとえば、天使ウリエルである。

昴《すばる》を身体としている神は八つである。たとえば、観音菩薩はそのうちの一つである。また銀河全体の精妙エネルギーにエクトプラズムを重ねている神が一ついる。

その他、多くの星に名前があります。おおくま座γ《ガンマ》星の文殊菩薩、こいぬ座δ《デルタ》星の天使ミハエルなど、自分の守護星＝守護神を天に聞くことによってわかるのです。

コラム

左渦巻きと右渦巻き―フトマニ図における表現

天のメッセージのなかに頻繁に出てくる「左渦巻き」と「右渦巻き」という言葉について、天は次のように言います。

これらが何であるかを直接に説明することはできないが、フトマニ図の中心のアウワにそれを表している。

フトマニ図は、水星の神アナヒタが今から6千年前に中国揚子江の流域に住んでいた人々（のちに日本へ渡る、いわば原日本人）に降ろしたものである。それをもとに、原日本人はフトマニ語（いわば原日本語）を語るようになった。

5千年前から揚子江流域では、農地を確保するために血で血を洗う部族間の戦争が始まりました。神アナヒタが降ろしたフトマニ図にもとづいて、星の神々と対話しながら生きていた原日本人は、そこを逃れ平和な土地を求めました。

４５００年前、神アナヒタの助言によって、日本へ移住することになり、トヨケをリーダーとして、３千人が千隻のクリ舟を造り、神アナヒタの導きのもとに舟をロープでつないで困難な航海を乗り越え、日本の明日香へ到着しました。天香具山に登って子孫の繁栄を祈り、奈良盆地での生活を始めたのです。４５００年前の天香久山が日本と日本人の真の出発点となったのです。その新しいくにづくりの様子は『ホツマツタヱ』に記されています。

争乱が世界を覆うなかで、日本の明日香の地だけは神々とともに生きるフトマニ文明が続きました。しかし、紀元８世紀、古代天皇制がフトマニ文明を破壊し統治を確立することによって、およそ３千年間続いた文明は滅びました。

松川善之助氏はホツマ文書を発見し、１９７３年以来、研究成果を出してきました。そして、池田満氏とともに２００２年に『定本ホツマツタヱ』（展望社）を著し、フトマニ文字で書かれたホツマツタヱの内容を、古事記、日本書紀の内容と比較考察し、ホツマツタヱが古事記などに対する先行文献であることを論証しました。

フトマニ図は、中心円と四つの円環からなっています。

中心円は、世界の成り立ちの根源を示しています。アはフトマニ文字で、左渦巻きです。ワはで右渦巻きです。それぞれ意識世界と物質世界を意味しています。そして、

その二つが重なったのがウでです。二つが重なった存在こそ太極であり、神なのです。『古事記』では、左回りと右回りがイザナギとイザナミの性的交わりの所作として語られていますが、天は、存在の根源にかかわる事柄を、『古事記』はまったく異なった性的な意味に改ざんしている、と厳しく指摘しています。フトマニ文明の影響力のなかにあった民衆をそこから切り離すために、そのように誘導したのです。

せっかくですので、フトマニ図全体の意味を天のメッセージにそって説明しましょう。

中心円の外側の第1円環はトホカミイエヒタメで、文字を拾っていくと左回りに星の図形が浮かび上がります。左渦巻きの意識世界です。トホカミ（星の神）

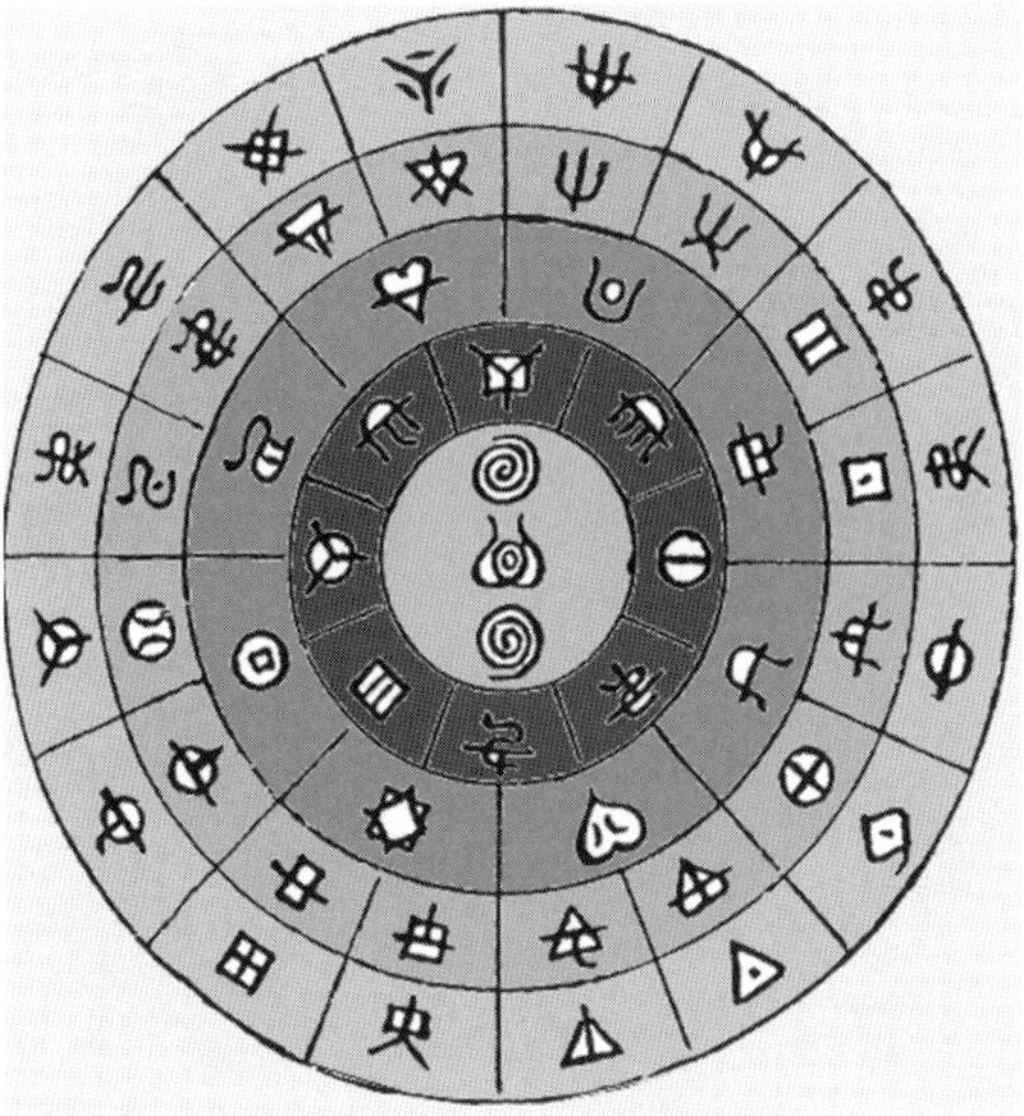

フトマニ図

イェ（魂）ヒ（です）タ（子）メ（神）は「魂は星の神の子です」となります。「トホカミイェヒタメ」を5回唱えると、神（守護神）の思念体がその人の魂に重なる、と天は言います。

第2円環はアイフヘモヲスシで、文字を拾っていくと右回りの星の図形が浮かび上がります。ここから右渦巻きの現実世界に入ります。それゆえ、第1円環と第2円環は仕切りがずれていて、異なる世界であることが示されています。第2円環は、精妙エネルギーの流れを示し、そこに魂が重なる状態を表します。ア（精妙な）イ（意志）フ（溶かす）へ（苦悩）モ（後悔）ヲ（を）ス（消去）シ（する）は「愛は苦悩と後悔を溶かす」となります。「トホカミイェヒタメ・アイフヘモヲスシ」を5回唱えると、宇宙の基底の力が働き、身体の不調や人間関係のトラブルの改善、学習能力の発

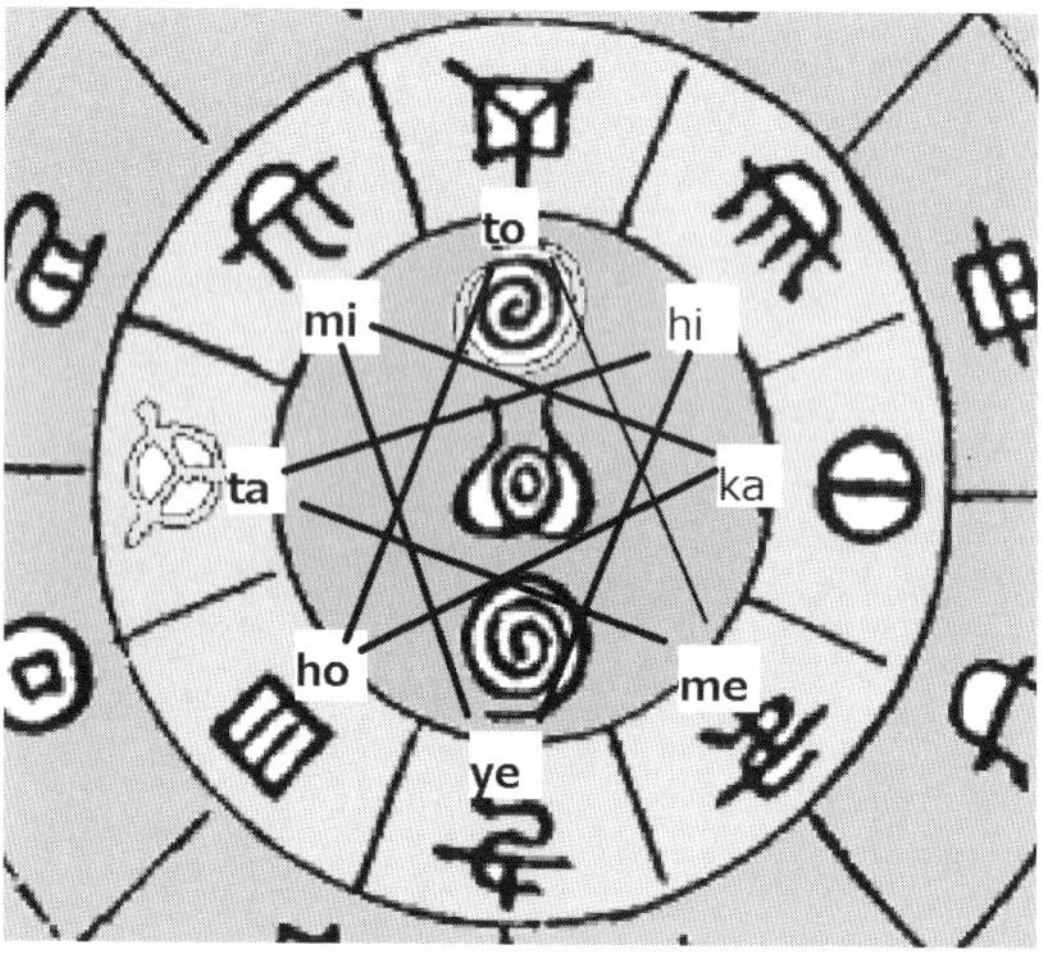

フトマニ図 第1円環

達などに有効です。

第3円環は、ヤキヌエコヨユイ・ハチムネオソツナで、右回りに星の図形（8角）が二つできます。人間の身体世界を示しています。ヤキ（容貌）ヌ（の）エコヨユ（身体）イ（きれいにする）・ハチ（臓器）ムネオ（内側の）ソツナ（純化する）は「容貌をきれいにし、内臓を浄化する」となります。これを5回唱えると、容貌と臓器がよくなるヒーリング力を発揮します。

第4円環は、マニウテケロンサ・ラリクセレノルワで、同じく右回りに星の図形（8角）が二つできます。人間が住んでいる物的世界を示しています。マニ（木）ウテ（家）ケロンサ（しっかり立っている）・ラリ（橋）クセレ（石壁）ノルワ（頑丈にできている）で、「生活環境がしっかりとできている」ことを意味しています。これを5回唱えると、災難を避けて安全な生活を送ることができます。

以上、中心円の存在の根源から、神と魂、精妙エネルギーと愛、身体世界、生活環境世界と広がる、人間の存在の階層的な構造を示しています。

天が人類に直接降ろした世界観が、フトマニ図に唯一表されているのです。

第8章　宇宙のオアシスとしての地球惑星

1．生命を育む奇跡の星

50数年前、人類で初めて地球を大気圏外から見たロシアの宇宙船スプートニクの飛行士ガガーリンは、感動の思いを「地球は青かった」という言葉に込めました。その後、多くの宇宙飛行士が地球の美しさ、荘厳さに心を打たれました。

宇宙のなかにあって奇跡の星とも言える地球を、神々はどのように見ているのでしょうか。

地球を生命が生まれる星にしたのは神々ではない。右渦巻き世界はVOであり、主語Sなき「～になる」世界である。銀河には無数に星々があるが、地球は生命を生み出すのに適した環境のある、神々にとってもきわめて貴重な星である。

原始生命にＤＮＡを降ろし、生命世界の豊かな発展を企画したのは神々である。そして左渦巻き「私」意識実体（魂）を生み出し、哺乳類と鳥類の受精卵に魂を重ねてきたのは神々である。

神々にとって地球の展開は、楽しみであり、喜びである。豊かで美しい自然、澄んだ大気、そして人間同士のよい関係が、人間にとって心地よいように、神々にとっても心地よい場なのである。

生命の星、魂が生まれ育つ星として、神々が地球を愛《いつく》しむ気持ちが伝わってきます。地球は「宇宙的共有財産」なのです。

天は地球のエコロジー（生態）について、次のように淡々と述べていますが、自然破壊が進んでいる今、心して受けとめたいメッセージです。

海は、地球のすべての生命の羊水であり、海の水のなかで動植物の基本構造がかたち作られてきた。

魂をもち、思考活動する生命体を生み出すためには、水のなかで進化した生命体を陸の上に上げる必要があった。神々はＤＮＡの遺伝情報に変化を加え、進化を背後でサポートした。

地球のように大量の水（海）をもつことが、生命を育む星の最大の条件である。莫大な水と塩を抱えている海は、精妙エネルギーを浄化する力をもっている。雨は地表の邪気（精妙エネルギーの汚れ）を流し去り、海はそれを浄化している。

海が命を育まない星になるとき、地球は生命の消える星となる。神々はそうさせないように見えない努力をしている。

人間の胎児を育てる羊水の成分は、海水のそれとほぼ同じです。人間は太古に海で育まれた生命であることを物語っています。

こんにち、海は危機にひんしています。温暖化によって北極海の寒冷水のもぐり込みが弱まり、深層海流の動きが鈍くなって海水温が上昇する、また北極・南極の氷が溶け出して海面が上昇する、プラスチックごみなど工業製品廃棄物によって汚染されるといったことが起きています。二酸化炭素排出の削減による温暖化の阻止、工業製品廃棄物による海水汚染の防止は、人類の火急の課題です。

空については「海から陸に上がった生物は、海にかわって大気圏の層のなかを『泳いで』いる。空は、宇宙と影響しあって絶えず流れ続ける、精妙エネルギーの場である」と天は言っています。空も海と同じくらい大事なものです。

また、川については「川の流れは、精妙なエネルギーとともに流れている。瞬時たりともとどまることなく流れている川は、物質・エネルギー世界の特徴をよく表している」と言っています。

山については、次のような興味深いメッセージがあります。

地球という星を身体として、そのもっとも精妙なエネルギー層に自らの思念体(エクトプラズム)を重ねている「私」意識実体(神)が複数いる。

山には、それらの神の通り道になっているものがあり、聖なる山と見なされている。その場所は、レイキのように逆エントロピーの力を強め、構造を安定化するので治癒力をもつ。また、瞑想して地球の神々からのインスピレーションを受け取るには、地球の神が通り道としている山の方がベターである。

レイキは、臼井甕男《うすいみかお》氏が1922年に鞍馬山で断食修行を行い、3週目に得たエネルギーであり、「手当て療法」として威力を発揮するヒーリング法です。筆者も練達者から手ほどきを受け、日常的に家族や友人に対して行っていますが、「逆エントロピーの力」という天の表現は、言いえて妙です。「エントロピー」は、熱力学的に平衡状態にあるものが移行して不可逆的に乱雑性を増大させていくことを表わしています。ですから「逆エントロピー」とは、乱雑性が増大した状態を元の秩序性ある状態に回復させることを意味しています。

2. 神々も愛する植物や動物の世界

30億年前に「ＤＮＡプロジェクト」を神々が実行したということはすでに見ましたが、生命の進化についても、神々は働きかけをしている、と言っています。

ＤＮＡを地球の原始生命に降ろしたのは神々である。ＤＮＡに変更を加え、必要な変化をもたらしたのは神々である。だからといって、ダーウィンの説いた進化論と突然変異にもとづく適者生存がまちがいというわけではない。そのプロセスにおいて神々は、思念体(エクトプラズム)を用いて遺伝子に必要な働きかけを行ったのである。

そうして、植物と動物が生まれました。植物について、天は次のように言います。

植物の葉は、光合成で二酸化炭素を吸って酸素を出しているだけでなく、精妙なエネルギーレベルでもその流れを促進し、よどんだエネルギーを浄化している。緑の森の散策は、精妙なエネルギーボディを浄化するので人を癒やす。
それは神々の左渦巻き「私」意識にとっても同じである。神々もまた豊かな自然を、自分のエクトプラズムで楽しむのである。

私たちにとって緑の森を散策するのは、とても心休まるひとときです。そこには、精妙な水と光と植物があふれているからです。このような美しい自然をもつ星は、宇宙では稀有です。だから神々も宇宙のオアシスとして、地球に「私」意識を重ねてやすらっているのです。
そしてまた、花について次のように言っています。

植物の花のかたちはDNAを降ろした神々のデザインである。花のかたちは、神々のエクトプラズムの通り道となり、神々は、エクトプラズムを花の精妙なエネルギーに重ねることができる(ただし、花がいつも神とつながっているわけではない)。
死者や神々に花を供えるのは霊的な根拠がある。花のたくさんあるところでは守護霊、高次魂、守護神がその人のために働きやすい。

花が神や魂の通り道であることを、人間は知らないでしょう。知らないけれど花を飾っているとすれば、それは人間が霊的な存在であることをおのずと表現していることになります。私たちが神とつながろうとするとき、花を飾ると通路としての役割を果たしてくれます（造花や写真でもよいとのことです）。

次に動物ですが、これには2種類あります。魂Sがあるものとないものです。魚類、両生類、爬虫類には魂Sがありませんから、人がエサをやってもその気配で寄って来て食べるだけのVO（物質）活動です。人との魂の交流はありません。つまり、カエルやトカゲやコオロギは発達した生命体ではあるけれど、魂がないので情動もないのです。一方、鳥類、哺乳類は魂Sが付与されています。

鳥は物的身体として個体が独立した存在に見えるが、精妙エネルギーボディは群れで共有しており、群れから離れて個体で生き延びることはできない。鳥がみごとにハーモニーのとれた集団飛行ができるのは、集合的エネルギーボディからなる一つの合同生体マトリクスを共有しているためである（ただし、鳶、鷹などの猛禽類は鳥のなかの例外で、単独のエネルギーボディをもっている。哺乳類と同じシステムである）。

鳥は、この合同生体マトリクスにおいて、集合的エネルギーボディにエクトプラズム（魂）を重ねているため、「集合的私」意識Sとなって集合的にVO活動をしている。

鳥類の見せるみごとにハーモニーがとれた集団飛行は、彼らのいわゆる「群魂」のなせる技なのです。それでは、哺乳類（人間以外。以下同）はどうでしょうか。哺乳類は個体として精妙エネルギーをもち、そこに魂が重なっています。この点は人間と同じです。

哺乳類の「私」意識実体（魂）は、今回の生においてのみ他の「私」意識実体（魂）とのかかわりをもち、人間のように親子、兄弟間の情愛の深まりをもつ。人間の友として育てられるならば、人間とのあいだに情愛感情が育つ。それは、人間と同じ「私」意識（魂）をもつ存在だからである。

オオカミは野生動物のなかで家族のきずながとても強い動物ですが、そのなかから家畜化されて枝分かれしたイヌは、とくに人間とのあいだで情愛感情が育つ哺乳類です（「忠犬ハチ公」や「名犬ラッシー」のように）。一方、近年のネコブームは、ネコがイヌより小さくてかわいらしく、しかも情愛のきずながそれほど強くなく、自由気ままなところが今どきの風潮に合っているのでしょう。

さて、ここまでくると哺乳類と人間の違いはどこにあるのか、とくに魂のレベルでどのように違うのかが問題になってきます。次章でそれを考察します。

コラム

地球の神々と日本の聖なる山

日本の聖なる山について、次のような天からのメッセージがあります。

山には、神の通り道になっているものがあり、聖なる山と見なされている。日本では、恐山、白神岳、富士山、比叡山、高野山、鞍馬山が聖なる山である。恐山と白神岳は同じ神の、他はそれぞれ違う神の通り道である。

その場所は、レイキのように逆エントロピーの力を強めて構造を安定化するので、治癒力をもつ。また、瞑想して地球の神々からのインスピレーションを受け取るには、地球の神が通り道としている山の方がベターである。

神が思念体を重ねてはいないが、地球の根底からの精妙なエネルギーが流れている場所もある。長野地方、東北地方、沖縄地方の３か所にある。

地球も星の一つであり、その精妙エネルギーに神々が重なって存在しています。六神おられるということです。

恐山は862年に最澄の弟子円仁によって、霊山として開山されたと言われています（イタコの口寄せは戦後の産物です）。恐山とともに三大霊山といわれる比叡山、高野山はそれぞれ密教の祖、最澄と空海によって開かれ、今なお霊場として栄えています。富士山は江戸時代より富士信仰が続いています。

鞍馬山は796年に開山され、多様な宗教や文化が花開いた場所です。また、臼井甕男が1922年に断食瞑想の21日目にレイキ（霊気）療法のエネルギーと技法を、地球の神から授かった場所でもあります（なお、レイキは精妙なエネルギーのことで、その療法それ自体のなかに神の思念は含まれていない、と天は言います）。

地球も星の一つですから、当然神々が重なっています。私たちの一番身近にいる神々です。しかしながら、地球の神々はこれまで述べてきた星の神と、決定的に異なるところが二つあります。

一つは、人間の魂の親ではない、という点です。星の神は星の光を通り道として、地球の人類に魂を重ねました。しかし、地球の神はそのような光の通り道がありませんから、人類の魂の親にはなれないのです。

もう一つは、地球から発する光が弱かったので、他の星の神々とのコミュニケーションができなかったということです。地球には海、空、川、山のように精妙エネルギーがたくさん流れていますから、地球の神々はそれに重なることで十分に自足していたともいえます。

地球の神々は、人間の魂の親ではないけれど、人間にもっとも身近にいる神として、人間をよりよいものに導いていくことに大きな関心と喜びをもっていました。

地球の神が与えてくれたもので大きな影響力をもったのは、なによりも釈迦牟尼の教えでした。それは民衆に慈悲の教えとして伝えられ、弟子たちによって仏教として体系化されました。天に、仏教の教えの中心は何かと問えば、「『天上天下唯我独尊』（釈迦の言葉）である」という答えがありました。

この言葉は、専門家によると、次のように解説されています。

「『唯我独尊』とは『唯だ、我、独（ひとり）として尊し』との意味であり、それは、自分に何かを付与し追加して尊しとするのではない。他と比べて自分の方が尊いということでもない。天上天下にただ一人の、誰とも代わることのできない人間として、しかも何一つ加える必要もなく、このいのちのままに尊いということの発見である。」（泉恵機、大谷大学ＨＰ「生活のなかの仏教用語　天上天下唯我独尊」https://www.otani.ac.jp/yomu_page/b_

yougo/nab 3 mq0000000qsb.html)

人間は「ただ独りとして尊い」というのは、魂のそれ自体としての尊さと、それにもとづくお互いの尊重と慈悲の大切さを説いたものでしょう。天の摂理の内容と重なっています。

　地球の神については後日談があります。天からのメッセージを受けていたMM氏は、2013年、天から「鞍馬山に行きなさい」という指示を受けました。鞍馬山に登ったMM氏は、天とともに数か所の地球の神々の通り道を探し出し、そこに標徴《しるし》を埋め、天との交信のポイントにしました。このようにして、MM氏の作業を媒介として、鞍馬山において天の神々と地球の神々とのコミュニケーションが初めて可能になりました。地球の神々も、今は他の星の神々とつながり、意志を交流しているのです。

第9章　人間の魂の個体的自立性

1．人間の魂と動物の魂の違い

人間と他の哺乳類（以下動物）は、いずれも神が思念体を重ねて魂をもたせた、という点で同じなのですが、それでは両者の違いはどこにあるのでしょうか。天は次のように言います。

動物は、星の神が受精卵にエクトプラズムを重ねて切り離している。しかし、その魂は過去世をもたず、チャクラシステムをもたない。

死ぬと星の神の「私」意識Sのなかに動物の魂のSVOは収納されるが、人間のようにその魂を再び現実世界に重ねることはない。

人間が動物と違うのは、二つの点です。一つは過去世をもつこと、もう一つは「チャクラ」

をもつこと、です。

動物が過去世をもたないのは、死ぬと動物の魂は神の「私」意識のなかに収納され溶け込んでしまって個体性を失い、〈生まれ変わり〉をしないからです。生きているあいだは魂が個体性をもっていますが、死ぬとその個体性は神の「私」意識のなかに溶け込んでしまうのです。天は言います。

動物は過去世をもたないため、他の「私」意識実体（魂）との不快な霊的関係を解消したいという魂の切望をもたない。

動物は身体の必要に応じてふるまう。そこでは自然法則には支配されるが、人間のように「私」意識実体（魂）間の関係における摂理からの逸脱に苦しむことはない。

動物の魂は、今回の生においてのみ他の魂とのかかわりをもち、人間の友として育てられるならば、人間とのあいだに情愛感情が育つ。人間の親子、兄弟間のように情愛が深まるのである。

ペットのイヌやネコも「人間の友」として育てられるならば、人間の親子、兄弟のような情愛関係をもてるのです。けれども、それは今生においてのみです。

人間は、そうではなく、死んだあと魂が星の神のもとに還っても、この世で○◇という名前をもって生きたその個体的な自立性は保持されます。そして、その個体的な魂は「心残りを果たしたい」という切望をもって再びこの世に生まれてくるのです。

たとえ話として、囲碁では「眼」が二つ以上あれば、その地は「生き」ますが、一つであれば相手の石がそれを囲んで「死に」になってしまいます。

人間の魂はチャクラという「眼」が七つあるので、自分の個体性を維持し（「生き」）、神の思念体のなかに溶け込まないで存続しますが、動物にはチャクラという「眼」がありませんから、個体性を維持できず、神のもとに溶け込む（「死に」）のです。

それでは、チャクラについて見てみましょう。

2. 人間のチャクラ・システム

人間がヒトとしてサルから分かれ出たのは、アフリカに大地溝帯が生じ、東側の森林がステップ気候によって消滅したためでした。樹上から地上に降りてきて、直立歩行をし始めたことが、サルからヒトへの大きな進化をもたらしました。

脊柱が立ったおかげで、頭脳が大きくなり知能が発達し、手が自由になり道具を使って作業ができるようになりました。天は、以上の点を論じたエンゲルスの『猿が人間になるについての労働の役割』は大筋で正しい、と言っています。

しかし、それだけではなく、ヒトが直立したことに霊的な意味があるのです。

ヒトの背骨と頭が、地球の中心から天空に一直線で立てるようになったことに、直立人類の意味がある。神々が自分たちの生んだ魂を、直立歩行を始めた人類に重ねることを可能にするためであった。

まず、霊的存在を地球の求心力（重力の中心）に結びつける必要がある。（尾てい骨にある）第1チャクラは地球の中心とつながる。

神々とつながるチャクラは第7チャクラで、頭頂の少し上にある。

フトマニ図の真ん中のアウワの図を思い出しなさい。右渦巻きのワの渦の中心に結ぶのが第1チャクラである。第7チャクラは、左巻きのアの渦の中心につながるためのものである。

左巻き渦アとは私を含めて神々である。魂が自分の親である神々と結ぶ回路が、第7チャクラなのである。

人間は大地（右渦巻き）の子であると同時に天（左渦巻き）の子なのである。

このように、チャクラはヒトが固有の魂をもった人間として存在するために、不可欠の回路（システム）なのです。その魂の、第1チャクラが物質地球の中心に、第7チャクラが神の中心の「私」意識に、それぞれつながる回路なのです。

そして、二つのあいだに第2から第6までのチャクラが形成されるのです。

胎内でチャクラが完成し、誕生して順次、チャクラが発達する。

各チャクラは左渦巻き意識実体が、役割ごとに分岐して肉体構造にあらわれたものである。そこでは、同時に右渦巻きの精妙エネルギーが重なって回転している。生体マトリクスの肉体層に近いところを経絡が走っており、右渦巻きの精妙なエネルギーを流している。

それぞれのチャクラに過去世の体験とその教訓のプログラムが分野別に配置されている。今生の体験自体は、生体マトリクスに保存されるが、そこから得たプログラムはチャクラに付け加えられて、その人の思考パターン、行動パターンに影響を与えていく。

したがって、チャクラに積み重なっているプログラムが、その人の心理活動とふるまいの背後に横たわっている。

チャクラは、体験とその教訓のプログラムが、分野別に保存される場所なのです。過去世から今生にわたって、プログラムが蓄積されていきます。この回路と営みが、人間の魂を個体的、かつ個性的なものにしています。動物と大きく違うところです。
私たちが同じ人間でも、感じ方や表現の仕方が異なるのはそのためです。

前頭葉の神経ネットワークは、眼前の状況に対して生体マトリクスにある今生の体験を検索して参照し、チャクラからのプログラムをもとに思考を展開し、行動に移す。
映画や本で読んだ内容も、今生の体験と同じく生体マトリクスを振動させ、そこに記憶されるとともにチャクラにプログラムとして加えられ、その人の思考とふるまいに影響する。しかし、どのような作品や考え方に共鳴していくかは、今までに蓄積されているその人のプログラムが影響する。

そして、今生を終えて、魂の親である神のもとに還るとき、チャクラに保持された体験とプログラムが魂に収納されて、身体を離れるのです。

「私」意識Ｓは、チャクラと生体マトリクスに重ねたエクトプラズムによって、この人生での思考（Ｓ）とふるまい（ＶＯ）の活動を展開し、ＳのなかにすべてのＶＯを収納してこの世を去る。

思考(S)とふるまい(VO)が摂理にそったものになり、神の資質に近づいていくためには、チャクラに蓄積されているプログラムが摂理にそったものに変わる必要がある。

3. チャクラそれぞれの場所と役割

第1チャクラは、肉体上の危険な体験などを保存し、物的身体の維持とバランスをとる役割をもっています。

第1チャクラは、尾てい骨を包含する直径約5センチのエネルギーボディがあり、そこに思念体が重なっている。精妙エネルギーは下からきて、上に行く。

第1チャクラは地球の中心に重なり、この世界の時間と位置のなかに確定する。

魂が過去世で体験してきたVO活動のうち、物的身体の維持にかかわる経験とプログラムが、第1チャクラに刻まれる。

たとえば、ジェットコースターやお化け屋敷など、ある人は楽しむことができ、ある人は怖い体験でしかない違いが出るのは、過去世の体験からのプログラムの違いによる。今生での「崖から落ちた」「自動車事故にあった」などの肉体上の危険な体験の記憶も、第1チャクラに刻まれる。

第1チャクラは、全身の骨格構造の精妙エネルギーボディの流れを活性化し、三半規管と連携して身体のバランスをとることを行っている。

第2チャクラは、好き・嫌い、怖い・安心、快・不快という感情的なプログラムを保存しているチャクラです。

第2チャクラは、腰椎1番にある。その椎骨を包含している直径5センチのエネルギーボディである。前部から精妙エネルギーが入り、上に出る。

ここには、魂が過去世で体験してきた情動的体験と、そのプログラムが刻まれている。恐怖とそれに対する安全、安心の感情がここにある。種の維持とかかわる異性への好みも、ここにある。

第2チャクラの精妙エネルギーボディは、体内の液体の流れにかかわり、小腸、大腸、膀胱に影響するだけでなく、悲しいとき、嬉しいときに流す涙も第2チャクラが発信源となっている。

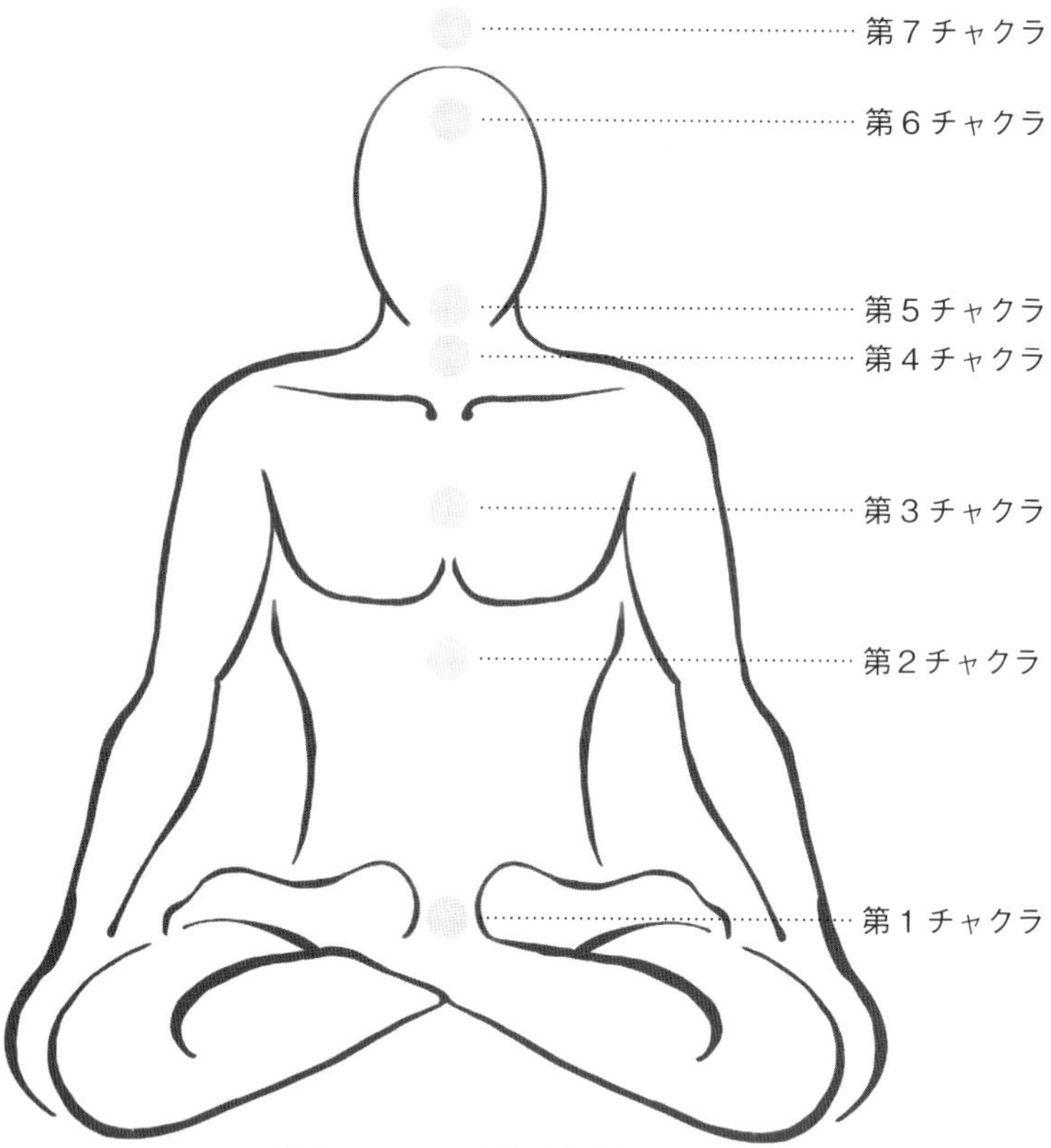

第１～７チャクラの位置

※チャクラの位置は、本書 P266-7 の「〈コラム〉チャクラを浄化する和歌チャクラ瞑想」で示されているものが一般的です。しかし、このチャクラシステムでは、通常の「へそ下」（第２チャクラ）がなく、「頚椎２番」が第５チャクラとして付け加わっています。
これについて天に解説を求めたところ、次のような答えがありました。

「チャクラは、どのような観点からとらえるかによって違ってくる。通常のものは心身の浄化、活性化の観点からのものであるが、このチャクラシステムは、『体験とその教訓のプログラムが分野別に保存される場所』という観点からとらえられたものである。通常のものとは違うのである」

第3チャクラは、社会のなかで生きていく感情をかたち作ります。憎悪と愛着など、個人対個人のなかで生まれ、また他の集団への感情としても形成されます。気力をみなぎらせる源泉なのです。


第3チャクラは、胸椎3番にある。前部から精妙エネルギーが入り、上に出ていく。

第3チャクラでは、憎悪と愛着、傲慢と謙虚、嫉妬と尊敬、立腹と許しなど、個人対個人のなかで生まれる感情、また他の集団への感情が形成される。

ここには、「～のことで○○が許せない」「～のことで○○が憎い」「～のことで○○に怒っている」という心理体験が、言葉によるプログラムとして刻まれている。

これらのプログラムは現在の人間関係において、○○に類似している人間に無意識に敵意として表現されてしまう。

第3チャクラは、全身にパワー、気力をみなぎらせる源泉として機能する。ここが詰まると気力が失せる。


第4チャクラは、個人を超える思考とふるまいを支える感情のベースになっています。臆病と勇気、寂しさと集団との一体感などです。

第４チャクラは、頸椎６番にある。斜め下前方から精妙エネルギーが入り、上に出ていく。

第４チャクラには、「私」意識が経験してきた過去世、今生の勇気と愛情の体験とそのプログラムが言葉による文章として刻まれている。

たとえば、人前で話せなかった人が、勇気を出して人前で話した体験によって「私は人前で話すことができる」と刻まれる。

逆に愛情をめぐるさまざまな体験から、「私は異性に愛されない」というプログラムが刻まれていて、その思い込みが現実化しているケースがある。その場合、過去の出来事を特定し、癒やすとともに「私は愛されている」というプログラムをダウンロードする。

第４チャクラは気－体のコントロールとかかわっている。呼吸器官とつながり、生体マトリクスを通じて全身の気－体の流れを活性化している。

第５チャクラは、対人関係で「気が合う」「気が合わない」をとっさに感じる場所です。対人関係を調整していく能力となる感覚が生じます。感情ではなく、魂の波長が合うかどうかを感じます。

第５チャクラは、頸椎２番にある。斜め下前方から精妙エネルギーが入り、上に出ていく。

第5チャクラには、「私」意識(魂)が経験してきた過去世、今生における他者の「私」意識との交流が刻まれている。そのなかに無数の傷つけ、傷つけられた記憶とそのプログラムが蓄えられている。

たとえば、傷ついた体験から傷つけられないように「できるだけ口数少なくしゃべらないで生きる」、または「先に攻撃的にしゃべる」などのプログラムがこのチャクラに刻まれ、生まれつきの性向としてそのプログラム(思い込み)が現実化する。

第5チャクラは、発声器官とつながり、言葉にエクトプラズムを載せて他者とのコミュニケーションを可能にしている。そして全身の精妙エネルギーのコントロールセンターであり、その流れを調整している。

第6チャクラは脳梁前部にあり、言語能力、抽象的思考能力が属しています。

第6チャクラは、額の中心から前頭葉を横切って進んだ、脳梁前部にある直径約5センチのエネルギーボディである。

前方から精妙エネルギーを呼吸とともに取り入れたり、出したりしている。

第6チャクラは、精妙エネルギーそのものの呼吸器官であり、吸気とともに前方(1.5m先)

から生体マトリクスのなかに精妙エネルギーが入り、各チャクラに入っていく。第１〜５の各チャクラから上に昇った精妙エネルギーは第６チャクラには入らず、第６チャクラの精妙エネルギーとともに額の中心から前方へ出ていく。

第６チャクラには、言語能力、抽象的思考能力が属し、コミュニケーションはここに含まれる。

第６チャクラには、「私」意識（魂）が経験してきた過去世、今生の概念的思考の体験が蓄積されている。物的身体の思考器官の精妙エネルギーボディに思念体（エクトプラズム）を重ねて思考する。そのときエクトプラズムは、精妙エネルギーボディを通じて概念の「かたち」となって、前頭葉神経ネットワークのスーパーコンピュータを検索する。

考える上で概念とその理解は欠かせない。たとえば、野菜がよくとれるように考えるとき、「連作」の概念の理解が必要であり、またトマトとナスとピーマンを同じ野菜の「ナス科」概念でくくる必要がある。

前頭葉の神経ネットワークを使って検索するとき、抽象度の高い概念と知識を正確に身につけている方が、より正確で深い思考ができる。

生まれ変わるたびに、社会の生産力が発達していて、より多くの概念を深く正確に把握する必要に迫られる。過去世での概念的思考体験は、今生の概念獲得を容易にしている。

第7チャクラは頭頂から13センチ上にあり、天から精妙エネルギーが入り天に上がっていく。過去世での高次意識実体とのかかわりの体験と、そのプログラムが刻まれている。高次の段階の魂が宿る場所である。

第7チャクラは頭頂にある。頭頂から13センチ上に中心がある直径約5センチのエネルギーボディ（エクトプラズムを含む）である。

第7チャクラの精妙エネルギーは天から入り、天に上がっていく。

第7チャクラに意識をおいて瞑想すれば、天からのもっとも精妙なエネルギーが振動し、生体マトリクス全体をやわらかな波動にする。エネルギーボディ全体の精妙な流れが向上するので、心身の健康に有益である。

最高段階の悟った魂は、第7チャクラにおいて物質的生命としての怖い、恐ろしいという感情を超えたレベルに達する。

キング牧師の最後の演説、コルベ神父がナチス収容所において、くじ引きで死を引き当てた人にかわって死んでいった行いに、それが表れている。彼らは死への恐怖を超えたが、宗教的テロリストや即身成仏を願って餓死した修行者などとは違う。これらはドグマの信仰のなかで無理やり恐怖感を消しているもので、魂レベルの最高度の表現とは関係がない。

第7チャクラには、「私」意識実体が経験してきた過去世での高次意識実体とのかかわりの体験と、そのプログラムが刻まれている。

「私は神に見捨てられた」「私は神に罰されなくてはならない」「神がいるはずがない」……こうしたプログラムは神の恩恵を受けることを妨げるので、ネガティブ神の御利益《ごりやく》に頼ることになる。

第7チャクラは、精妙エネルギーや思念体（エクトプラズム）において、人間がまさに天と神々につながる場所であり、「神が存在する」とわかる場所です。

キング牧師やコルベ神父ほどではなくても、コロナ禍のなかで自分の感染危機を覚悟しながら医療に当たっている人々も同じといえます。彼らは必ずしも「神が存在する」と認識しているわけではありませんが、神的な行為を行っているのです。

ここでは「ドグマの信仰」や「ネガティブ神（悪神）」という言葉も出てきます。これらについては、第3部で考察しましょう。

以上、生命世界における進化と人間の誕生、そして身体と魂のしくみについて見てきました。次は、人間が農耕定着を行って部族社会を作り、古代、中世、近代を経てこんにちのようなグローバルな資本主義社会を形成してきたことについて、見ていきましょう。

コラム

星の神からインスパイアされた詩

人間の魂が、個体的な自立性をもち、神々からも相対的に自由な存在であることがわかってきました。それをもっともよく表すものの一つが、人間の文芸です。

MT氏は、2014年6月に神のインスパイアで詩を受け取りました。MT氏は文芸雑誌『民主文学』に自分の小説を載せたこともある、文学好きの高校教師です。その彼が、瞑想によって彼の魂の親である星（おおぐま座γ星＝Phecda（フェクダ））の神である文殊菩薩とつながり、その言葉を次のような詩として受け取ったのです。

1．いのち

ひらがなのようにやわらかくながれる
いのち
それは5月の若葉のように

若々しく美しい。

生のなかに死がある
死のなかに生がある。

いのちのバトン
一つのいのちが終わっても
引き継がれ、つながっていく。

2．死

死は
この地上に生まれ落ちた時からの
約束である。
約束は戸口から
ふいに突然現れる。

死は
行き止まりの路地であり
蝶の飛び立つ野である。

死を考えることは
本当の根拠を問うことである。

3．神とともに

神とともにという言葉は
神が死んだ現代では死語だ。
だれも口にしない。
口にする人がいるとしたら
迷路のなかに
一人目覚めている人だ。

4．鋭いまなざし

世の中で活躍する人で
顔は笑っているのに
目が笑っていない人がいる。

彼はその鋭いまなざしによって
生き抜いてきたと自負している。

その目は彼の地位や財産を
得るために
失ったものを象徴している。

赤ん坊の澄んだ目を
彼がほんとうに見入ったら
恥ずかしさで思わず赤面するだろう。

5．喜びの歌

嘆きの歌を歌うな
悲しみの歌を歌うな
怒りの歌を歌うな
我慢の歌を歌うな

丘に登って
喜びの歌を歌え。
裸の歓喜の歌を歌え。

6．時を待て

時を待て
母が胎児を十月十日子宮のなかで
慈しんで育てるように

自然に熟成するときを待て。
静かに時を待て
頭上に星が輝くまで。

7．本気にしないだろうが

きみは本気にしないだろうが
耳を澄ませてごらん。
新しい時代の足音が聴こえるだろう。

きみは本気にしないだろうが
耳を澄ませてごらん。
ひかりに目覚めた人が
地上のあちらこちらで生まれていることを知るだろう。

第10章 世界政府と地球惑星社会を創る

1. 国家と階級はどのように生まれたか

現生人類ホモサピエンスが広く世界に分布するようになってから、10万年の歴史のうち9万5千年のあいだは、狩猟採集の時代であり、その生産手段は弓矢、釣り針、石器という原始的な道具でした。まさに自然に抱かれ、自然とともに生きるという時代でした。生産手段を共有し、協力して働くという経済だったわけです。

約10万年前、現生人類は群婚制を採用することによって、すなわち共有と協力の社会を形成することよって、メスと餌をめぐる抗争と殺戮に終止符を打つことができた。それまでの、弱肉強食の猿の社会編成原理を克服することができたのである。

約1万年前、先進地域では、群婚制のなかから氏族、家族の生活単位を成立させてきた。

人間の魂には、徹底的に社会関係を平等にした、10万年近くものあいだの体験が刻みこまれている。競争、闘争、争いの克服のため、すべてを共有し、協力型社会で生きてきた体験が深部に刻みこまれている。

現代、過去に滅びた人類の種のように、現生人類もまた、競争、対立、抗争のなかで種として消滅する可能性がある。アウストラロピテクスが未発達な魂と、旧来型の競争・抗争型社会組織のなかで石という武器をもったために絶滅していったように、現生人類も、まだその魂段階にはそぐわない核という道具を競争型社会組織のなかでもっている。

5千年前に人類に農耕定住生活が始まり、急速な発展が始まりました。農地を耕す人とそれを守るために戦う人、農具と武器を作る人、豊作と戦争勝利を祈る人の分業が生じました。農地と農具、道具という生産手段は部族国家の公有となっていき、生産手段の共有にもとづく協力社会は崩壊していきました。「人新世《じんしんせい》」と呼ばれる時代が始まり、古代の文明が始まります。

天は、公有は「国家による私有」であるとして厳しく退けます。

人間の文明の出発点として古代を視野に入れなさい。のちの人類社会に大きな影響を

与えることになった人間があらわれた。中国の老子、インドのゴータマ・シッダルタ、ギリシャのプラトン、ユダヤのイエス、ペルシャのザラスシュトラなどである。

それぞれ時期はずれるが、人類文明のあけぼのに神々がそのエクトプラズムを用いて、彼らにインスピレーションを与えた。彼らが伝えた内容は正確には残っていない。背後にあった神々の個性に応じて教えに違いはあるが、教えの根本に「摂理」にそって人生を生きることがある。

彼らはふつうの人間であり、神の教えをこの世に降ろしただけであるが、そのことによって聖者として崇拝されてしまい、本当に実在する姿なき高次意識実体（神）から直接にメッセージを受け取ろうとする、個人の努力はなされなくなってしまった。それよりも彼らの弟子のうち知力の高いものが作り上げた教義体系、祈りの儀式に従うようになった。

姿なき高次意識実体（神々）は、人間の社会的成長をサポートするが、けっして人間社会を統治しない。

人類の文明のあけぼのは、多くの聖なる人のインスピレーションとともに始まりました。しかし、古代における国家と階級社会の誕生によって、少数のリーダーのもとに権力が集中するヒエラルキー支配構造が生まれました。聖人の教えは、後継者たちによって教義と儀式に変えられていき、神権政治へと変質していきました。そして、エジプト王国や中華帝国など、巨大な帝国へと展開しました。

農耕社会における生産手段の所有形態は、公有が基本となっていき、そこに支配と隷属が生じた。地域と時代により違いがあったが、それは次の場合に大別される。

①征服された人々が奴隷として、大農園で家畜同様に働かされる、あるいは家族労働を助ける生産手段にされた。

②土地を耕す農民は、所有権の一部である占有（使用）権しか認められていなかったので、支配階級に隷属していた。このような農民が一般的であり、彼らは建前上「公」のなかに入れてもらっているが、土地を公有（所有）する少数の支配階級は身分的序列に彼らを組みこみ、農民を事実上、「公」から締め出していた。

①は奴隷制であり、②は隷農制で、このような歴史が古代、中世と長く続きました。国家の形成について、天の次のメッセージがあります。

国家は二通りのコースで生まれた。

一つ目は、農耕が始まり、部族の作る小集落間の戦争のなかで勝利した部族が、しだいに周辺地域の部族を支配し、貢納させるようになって国家が成立するコース。

二つ目は、外部勢力による支配と闘うなかで地域の諸部族が連携し、国家を成立させるコースである。

国家は、土地と農具、道具の生産手段を公有した。それが、階級的搾取の始まりであった。人々は、国家という少数支配者のために働き、戦って死ぬという人生を強いられるようになった。

以上の見解は、こんにちの社会科学の知見に照らしても、正しい見地を示しています。「公有」が階級支配の始まりだ、という知見は、この後、現代の「国家公有型社会主義」に対する鋭い批判につながっていきます。

2．ＩＴが資本主義と国民国家を崩壊させる？

中世の隷農制のなかから、「農民が生産手段である土地を所有し、その土地で働き、収穫を販売して自分の収入にできる」という農民の自立化が進み、その生産力が上がることによって近代が準備されます。15世紀のイギリスにおける独立自営農民がそれにあたります。

近代に入ると、科学や技術の発達により豊かな生産力が生み出されました。その生産力を掌握したのが資本家たちです。産業資本主義の発達です。しかし、それは人類の多数の者が雇われて働くしかない、みずぼらしい境遇をもたらしました。

近代社会は、この資本主義と国民国家の二つがみごとに結合したものだ、と天は言います。

近代国家は、すべての国民の平等な権利を認めた。しかし、外部勢力と戦うという国家の属性は消えなかった。戦うためのヒエラルキー構造をもった軍隊と軍備は発展を続けた。

近代国家は、資本主義の生産関係を保護し、資本主義大工業の生産力を発展させる役割があった。後発の資本主義国は、国家が生産手段を公有して資本主義大工業の生産力を発展させた。

こんにちの民主主義国家システムも、外部勢力と戦うという国家の属性から解放されていない。資本主義は高度な生産力を達成しており、戦争の破壊力は計り知れないものになっている。

近代は、国民の人権を認めるという進歩をもたらしましたが、国家という枠組みを強固にし、その力で資本主義システムを発展させ、戦争を日常化していきました。
そこには、神々のサポートをブロックするネガティブな働き、とくに偏狭なナショナリズムが醸成されていったのです。

近代は、中世の宗教的ドグマや偏見を克服し、科学者たちが観察や実験にもとづく唯物論科学的な方法を確立した。そのことは、人間の知性（魂の一部）の発展にとってとても大切なことである。

しかし、それと同時に、左渦巻き世界とそのなかに存在する高次意識実体である神々が存在するのを、客観的に否定するドグマに陥ってしまった。

神々（普遍的意識実体）がいないという近代的世界観は、神々が、理性、知性、慈悲、普遍的ヒューマニズムにあふれた人々のサポートに入ることをできにくくした。

それに対して、偏狭なナショナリズム、犯罪をおかすカルト勢力などの左渦巻き意識実体（魂）には、狭い偏狭な意識実体（ネガティブな神々）が霊界からサポートに入りやすい。

そして現代、資本主義というしくみは、人類の発展にとって桎梏《あしかせ》となっています。今、資本主義を否定し、以前のように働く者が生産手段を所有する社会状態を回復するときがやってきました。それは、狩猟採集の時代がそうであったように生産手段の共有を回復し、しかも機械と情報技術を駆使してエコロジーと共存できる生産力をもった、地球規模の人類社会です。天は次のように言います。

こんにち、工業時代の生産力の特定点にもとづいていた、資本主義と国民国家という社会構造に亀裂が入り、崩壊に向かいつつある。20世紀末から21世紀にかけてＩＴ（情報技術）革命が起こり、新しい生産力段階を迎えたためである。

ＩＴ革命は、資本主義の金融部門を金融ギャンブル化する技術的基盤になった。肥大化した金融部門は生産、流通部門を疲弊させている。ギャンブル化した金融部門が、資本主義構造崩壊の引き金をひく。ＩＴ生産力段階は、貨幣の物神性にもとづいて運営される資本主義経済に対応しないのである。

ＩＴ革命は、国民国家構造にも同時に亀裂を引き起こしている。国民国家構造を支える人々の意識は、国民国家の枠内の人々が発信するものに立脚していた。インターネット通信網が地球規模で張りめぐらされ、世界中の人々が発信する映像、言葉、文字と接し、国民国家構造を支えていた意識の狭い立脚点は過去のものになった。

こんにち、世界はＩＴ革命の時代を迎えています。それは二つの面をもっています。一つは、「金融ギャンブル」を広げ、資本主義の基礎である生産と流通を疲弊させ、ひいては資本主義の成り立ちを崩壊させつつあること。もう一つは、世界中の人々がインターネットで国境を越えて交信できるようになり、人類を一つに結びつける可能性が高まっていること、です。ＩＴという新しい生産力が、資本主義という古い生産関係を乗り越えて、国境を越える新しい社会の到来をもたらすであろう、という天の主張が示されているのです。

3．天は国境のない地球を望んでいる

天は新しい人類社会を、「地球惑星社会」と表現しています。国境をもつ国民社会が相争うことをやめて、地球政府を樹立し一つの地球惑星社会にしよう、と提唱しています。

地球惑星社会（２０１３年２月８日受信）

地球は一つの惑星である。太陽のまわりを回る一つの星である。国境線は人間の作ったものである。人間は境界線のために生命をかけた。たくさんの血が流れた。

「私」意識実体である神々は、人間の幾千回の過去世において地球のあらゆる人種、民族を

体験してきた。人類を国境線で分ける根拠はない。

また、物的身体の遺伝子情報が科学において解明されてきた。あらゆる地域の人間の遺伝子に共通性があり、物質身体の世界においても人類を分ける根拠はない。


国境線を守るために人は戦争し、血を流してきました。人種、民族のそれぞれの自己中心主義は魂にとって無意味であり、遺伝子の共通性も明らかです。国境は人類には不必要なのです。

日本の民衆は大戦後、「二度と子たちを戦場に送らない」「ノーモア、ヒロシマ・ナガサキ」という声を上げ、２０２１年１月22日には「核兵器禁止条約」が51の国と地域において批准され（他に条約に加わる意思を示した署名国は86）、国連において発効しました。新しい時代の到来を告げています。

天は、生産力の面でも国境が必要のない時代になっていると言います。


こんにち、生産力が国境を越えて地球規模で展開している。人とモノと情報が国境を越えて大量に行き来している。国境という境界線を線引きする必要がない時代がやってきた。

地球惑星政府のもとで国民国家が地方自治体になり、国境線が消える日が近づいてきている。地球規模で人、モノ、情報を事実上、自由に行き来させている生産力は、地球の表面の土地を境界線で仕切って軍事力で確保する必要性をなくしている。

まさに、ITをはじめとする生産力の上昇によって、国民国家、国境、軍事力というものが時代遅れの遺物になっている、と言っているのです。

地球惑星を国民国家の私有財産（公有）にすることを廃止し、人類政府を樹立し、地球惑星を人類の共有財産とすることが矛盾の揚棄《ようき》（克服）である。

今、人類は地球惑星社会の前夜にいる。惑星社会は、社会集団のどれ一つ排除することなく包み込む。多元性を尊重した上で、人類社会を統合することができる。

すべての人間に敬意を払うという摂理の原則のもとに生きたいと願う人々は、惑星社会の実現に向けて行動すべきである。

天は、生産手段をはじめ地球の生態系、土地などを公有（国家による私有）することを厳しく退けています。そして、それを人類による共有に切り替えていくことが大事であり、地球惑星社会の基礎となると言い、人々に惑星社会の実現に向けて立ち上がることを訴えています。「すべての人間に敬意を払うという摂理」が生かされる社会を求めて。

第3部

スピリチュアル・プラクティスへ

第11章　精妙エネルギー体と〈霊〉の相《すがた》

1．精妙エネルギー体とイチロー打法

〈精妙エネルギー体〉というものを見てきました。それは生きた人体においてどのような状態にあるのでしょうか。

ヘビにおどろいた子猫が、60センチほども垂直に飛び上がるのを見たセント・ジョージ博士（ノーベル生理学・医学賞受賞者）は、この現象は神経系のしくみだけでは説明できないと考え、「生体マトリクス」という存在にたどりつきました。「マトリクス」とは「母体」「基盤」といった意味で、生体マトリクスについては次のように説明されています。

「生体の主たる組織や器官……（中略の意、以下同じ）は、すべて結合組織という全身にくまなく広がる線維組織に覆われている……結合組織は半導体に似た性質をもち、全身のあらゆる部

位に電子的信号を伝える通信ネットワークの役割を果たす。」（J・L・オシュマン著、『エネルギー医学の原理』55頁）

ここで「全身の器官を覆っている、電子的信号を伝える通信ネットワーク」と説明されているものが、〈精妙エネルギー体〉なのです。

その精妙エネルギー体は、どのように働くのか？　イチローの打法を「周辺視」をテーマにして見てみましょう。いろんな球に対してイチローが対応できるのは、予測による視線の先回りや頭部と眼球の回転などの工夫があるのですが、もう一つはインパクトぎりぎりまで球を目で追う周辺視です。

「一般に、対象物を見たときに目ではっきりととらえられる範囲は角度にして約20度程度です。それ以外の視野を周辺視といい、この範囲にある対象物はぼんやりと視野のなかに写るだけで、文字の判読などはできません。しかし、周辺視はすばやく動くものをとらえる能力にたけています……イチローやフェデラーは、この周辺視を活用することで、最後の瞬間まで球の動きを視界で追い続けることができると考えられるのです。」（永井洋一「科学するスポーツ2　周辺視」『しんぶん赤旗』、2009年9月8日）

対象物をそこに焦点を合わせて見るのはlookですが、それだけでは限界があります。全体を全体として見るsee、すなわち見える、が不可欠なのです。全体を全体として見るのは、太古の狩猟時代にヒトが草原のはるか彼方に動くものを見るのに、ごくふつうに使われていたのだと思われます。最近、卓球のプロの世界では、超速の球を打つために、この周辺視を活用してみようという動きが出ているようです。

天は次のように言っています。

神経ネットワークは、生体マトリクスという全身を包含する情報伝達システムのなかで機能する、受信・発信体系にほかならない。

神経シナプス間隙《かんげき》での伝達を担う神経伝達物質は、神経系を通じる脳とのやりとりとともに、その振動で全身の生体マトリクスを振動させ、必要な情報を全身に発信し、全身が瞬時に必要な体制をとることを可能にしている。

したがって、神経システムがフルにその機能を発揮するには、生体マトリクスによどみ(雑念など)がなく透明な精妙エネルギーの流れにあることが必要である。

天は、肉体とそれを包む精妙エネルギー（「気」といってもよい）の半径1.5mの球体を「生体マトリクス」と呼び、それに魂そのものが重なっていると理解しているのです。

2.「虫の知らせ」や亡くなった人からの「お知らせ」

私たちの日常生活で比較的よく経験する霊的現象は、「虫の知らせ」や「お知らせ」です。
ここでは、まず生死にかかわる事例を取り上げましょう。

事例11-1

阪神大震災の際の虫の知らせ

「ぼくの住んでいたのは大阪の西北に位置している茨木……それでも、南北に面していた本棚はことごとく倒れていた……その日、ぼくは乱雑に散らかったままの台所で、ふと赤い表紙のB5判の小冊子を手にとって読んでいた……「私の親」と題されたMさんの短い文章がぼくには印象深かった……Mさんの短文を読んでいると……そのとき不意に電話が鳴ったのだ……まさしくそのMさんが亡くなったという報せだった。彼女は地震の発生から四日後に、西宮のアパートの瓦礫の下から即死状態で発見されたのだった。……それにしても、ぼくは学生時代から彼女らのグループ［障害者解放団体］に実にさまざまなことを教えられてきた。」（笠原芳光・

季村敏夫編『生者と死者のほとり　阪神大震災・記憶のための試み』より、細見和之「震災のなかの一人の死者」95－100頁、人文書院、1997年、［　］内筆者）

この体験談について天は次のようにコメントします。

Mさんは心から細見さんを信頼していた。だから自分の死を彼に伝えたかったので、本を手に取らせるようにした。Mさんは自分の人生がどのようなものであったかを、細見さんと共有したかったのである。

ここには、二人の魂の深い響き合いが感じられます。

また、東日本大震災では、亡くなった方が親族に積極的に「お知らせ」する事例が多くありました。遺体が発見される前夜に親族3人に玄関でドンドンと音を立てて知らせる、遺体が埋もれている近くを通ると肩に重いものが載せられている感じがする（奥野、それぞれ192－3頁、73－4頁）、といったものです。ここでは、メールで知らせるという、現代的な事例を紹介しましょう。

事例11-2

亡くなった兄からメールで届いた「ありがとう」

熊谷常子さん（陸前高田市、60歳）の体験。亡くなったのは兄の利美さん（享年56歳）

「利美さんの遺体が発見され……翌七月一日に死亡届を出すことになった。……

『朝八時半でした。役場で死亡届を書いているときにメールを知らせる音が鳴ったんです。

……メールを開いたら、亡くなった兄からだったんです。

《ありがとう》

ひと言だけそう書かれていました。……

［発信の日付は］三月一日でした。この日は［兄が］まだ岩手医大に入院していて……［今は］壊れて使えない携帯ですから、七月一日に送れるはずがないんです。それならなぜ三月一日のメールが七月一日に着いたのでしょうか。……

七月四日に火葬したのですが、その際、兄の友人たちに兄の最後のメールを見せようと思って携帯を開いたら、二月末あたりから三月十一日までのメールがぜんぶ消えていました。それも、兄からのメールだけが消えていたんです。』」（奥野、55-8頁、［］内筆者）

この事態について、天は次のように言っています。

これは不思議な事例である。時間をさかのぼってメールを発信することができたことが、珍しい。兄の魂は、3月1日の病院にいるときの時空の特定点に重なり、そこから電気信号に働きかけて妹にメールを打った。受け取った妹がおどろくのは当然である。電気信号を利用したメッセージの伝え方は、現代文明のなかでは起きることである。これからもこういうことは起きるであろう。

なぜ、7月4日の火葬に際して、兄からのメールがすべて消えたのですか、と尋ねました。

それが本来の姿だからである。消えてしまうことは最初から決まっていた。というのも、3月の入院時に出されたメールは、すでに電気信号として使われ、その場かぎりのものになったからである。7月4日に消えたメールは、すべてが臨時の電気信号に変換されたからである。

これを理解するのはむつかしいですが、女性の兄の霊魂が、3月1日という時空の特定点に重なり、その時点での電気信号エネルギーに働きかけて、7月1日にメール「ありがとう」を臨時発信させたということでしょうか。それゆえ、2月末あたりから3月11日までのメールもいっしょに消えてしまったということでしょうか。

この節末で、タッカー教授が量子物理学をめぐって考察していることに触れますが、それらと関連してくることかもしれません。

〈生まれ変わり〉研究の第一人者イアン・スティーヴンソン教授の著作『前世を記憶する子どもたち』（前掲）のなかに、いくつかのテレパシーの事例が紹介されています。遠く離れた者のあいだの意識の伝達という現象がテレパシーです。教授は次のように言っています。

「人間の心は、ふつう、心理的空間の自らの領分の中で、他者の思念の侵入から保護されているのである。ところが、稀にその防壁が弱まり、テレパシーなどの超常的伝達が起こる。テレパシーを送ったり受けたりする人たちの心理的空間が何らかの形でつながっているということは、必ずしも同じ心理的空間の中にいることを意味するものではないが、私としてはそう考えたいと思っている。」（スティーヴンソン、345頁）

著名な心理学者ユングはこのような現象を「意味のある偶然の一致」、あるいは「非因果的連関の原理」と名づけます。私たちはふつう、原因と結果という因果的連関のなかで生活しています。しかし、「虫の知らせ」や「お知らせ」のように、因果性では説明できないシンクロニシティ（共時性）という現象が、ときおり生じます。そしてなぜそういう現象が生じるのかといえば、人々の個別的な意識・無意識の奥底に、人々に共通の「集合的無意識（普遍的無意識）」が存在しており、それによって深いところで個人を超える意識の交流が起こるのである、とユングは考えるのです。（ユング『自然現象と心の構造』『現代人のたましい』参照）

これについて、天に尋ねると次の答えがありました。

ユングのいうシンクロニシティは、天にいわせればオーバーラップである。つまり、それぞれの人の精妙エネルギーの共時的なオーバーラップが起こっているのであり、人は自分の思いをその精妙エネルギーに重ねて他者の思いと交流できる。

ユングの集合的無意識に基づくシンクロニシティと天の精妙エネルギーの「オーバーラップ」は、ほぼ同じことを指していると考えられます。第1章の事例1-2（従妹の死線体験）での天のコメントもこの視点からのものでした。

ただ、これをもう一歩深めてそのしくみを探究しようとしているのが、タッカー教授です。量子の世界では「二重スリット実験」で不思議な結果が出ることに対して「観察者の意識」が影響しているのではないかという議論が行われています。タッカー教授は量子物理学におけるそうした論者の考察をフォローして、次のように結論づけています。

「私の答は、意識が量子システムの外部にあって、物質的な宇宙と相互作用するが、それを記録し、その宇宙をつくり出すとき、それを超えて存在する、ということである。意識は物質宇宙が存在するがゆえに存在するのではない。物質宇宙の方が、意識が存在するがゆえに存在するのである。」（タッカー、271-2頁）

本書において語る天のスタンスは、「一つの始原」があり、これは「無属性の意識」である。それが「物質（エネルギーを含む）」と「思念体（意識）」という二つを同時に生み出し世界が生じた、というものです。そして、「物質（エネルギーを含む）」と「思念体（意識）」は相互前提の関係にあり、「色即是空、空即是色」のありようである、というものでした。

筆者は量子物理学には不案内ですので、どれほど正しく受け取れるかはわかりませんが、天に聞いてみようと思います。

［質問］タッカー教授は量子物理学にかかわって意識と物質の関係について述べているが、これについて解明したまえ。

［答え］タッカー教授の、量子の運動が意識によって影響を受ける、というとらえ方は興味深い。しかし、正確ではない。実際に影響を与えているのは神の思念体である。二重スリット実験で光子が干渉波を起こす場合は、神の思念の影響がない場合であり、起こさない場合は、影響を受けている場合である。どちらにしても、神の意識と物質の運動は相即している。このように考えると二重スリット実験もよりわかりやすくなる。

［質問］人間の意識が量子のありように介入するということと、神の思念が影響するということは同じことである、と理解してよいのですか。

［答え］そうである。人間の意識と神の思念はつながっており、人間の意識が動くと神の思念が動くからである。

これだけではまだよくわかりません。量子物理学の進展によって、この領域のことがらがもっと明らかになることが期待されます。

筆者個人としては、タッカー著『リターン・トゥ・ライフ』の訳者である大野龍一氏が次のように言っておられることに共感します。

「結局、こう言えばいいのではないでしょうか。物質宇宙（この場合は潜在的可能性の状態にあるそれ）を生み出す力と私たちの意識を生み出す力は同一のものであり、それは同じものの二つの側面、二種の顕現なのだと。そしてこの宇宙は、観察者に宿る意識によって、その意識を通じて、初めて具体的な現象として表われ、いわばこの二つを両輪として自己展開するのです。」（タッカー、322－3頁）

3．未成仏霊を天に還すには？

山や森、洞窟などエコロジーが豊かな地球では、多様な精妙エネルギー体が存在しています。そして、それらの精妙体には、多様な思念体が重なっています。山や森の精霊や、ときにはネガティブ神（後述）も重なっているでしょう。

ここでは、未成仏霊とその鎮魂について触れておきましょう。

外科医の経歴があり「創造健康学園」を主宰した木村裕昭氏（故人）は、「人が死ぬときは額とおへそあたりから小さな光の玉がするすると立ち昇るのが見える。1mほど上で一つになり、スパッと上に行く。そうでない人は、そこでビラビラと横に広がる。ビラビラと横に広がるのは、その人の魂が現世に執着して天に戻ろうとしていないのだ」と解説していました。天も同じことを言っています。

呼吸が止まり、生体マトリクスに新しい精妙エネルギーが入ってこなくなると、精妙エネルギーは額前方の出口から魂をともなって上に昇っていく。そのプロセスで魂は精妙エネルギーから離れ、時空のない世界の神の「私」意識のなかに戻る。強い未練のため、精妙エネルギーから離れられないと未成仏霊として現実世界にとどまることになる。

人が現世に強い執着をもったままだと、魂は昇天せずにそのまま地上の精妙エネルギー体に付着したまま、「未成仏霊」となってこの世にとどまることになります。天は次のように、葬儀参列者の哀悼の真心がそれを救うと言っています。

未成仏霊とさせないため、すなわち死者の魂を無事に神の「私」意識のなかに戻すためには、葬式に参加する人の冥福を祈る気持ち、哀悼の気持ちがもっとも重要である。

この世をどうしても去ることができないという未練は、他者の「私」意識とのかかわりからきている。この気持ちを癒やすのは、葬儀参列者の真心からの死者を思いやる心である。なぜなら、死者の「私」意識（魂）も生者の「私」意識（魂）も、どちらも時空のない思念の世界にあり、想念は交流でき、死者に届くからである。死者への真心からの気持ちが、この世への未練や心配事を癒やす。

東日本大震災の霊体験事例で、お葬式の写真に青く光る玉がたくさん写り込んでいた（奥野、240頁参照）のは、亡くなった人が参列者一人一人にお別れをしている相《すがた》だそうです。家族や友人の冥福を祈る、哀悼の心は死者の魂に届いています。そして、その心によって死者は自分の死を納得し、この世への未練を捨ててあの世へと旅立っていくのです。

もし、私たちが未成仏霊の誰かに会ったら、生前の苦労をなぐさめて「光の天界に戻っておやすみなさい」と語りかけることが大事なのでしょう。

第12章　超能力、宗教の真実

1．超能力（サイキックパワー）を身につけようとする危うさ

超能力は、本来天と神々が人々をサポートして示す能力を意味するものです。しかし、人々のなかには「超能力」を誇示して、人々に取り入ろうとする人がいます。天は言います。

「超能力」を誇示する人々がいる。

自分の「私」意識を高次意識実体に結びつけ、その高次意識実体の協力を得て「超能力」を演出するものである。

「超能力」は、右渦巻き世界の摂理というべき自然法則をゆがめて見せておどろかせることである。ふつうの神々は、自然法則と摂理をゆがめることに協力しない。「超能力」に協力するのはネガティブ神である。

天のヒーリング、リーディング、霊能相談活動も、人間の能力を超えることをするので、いわば超能力であるが、天は可能なかぎり自然科学が解明してきた成果を活用し、人間の集合的な科学的努力を尊重する。そして、天の力であることを明示し、そのヒーラーの力（「超能力」）ではないことを明確にして進めていく。

私たちの身近にも、たとえば、気で人を投げ飛ばしたり、透視で霊やオーラを見たり、霊媒師のように霊魂を呼ぶものがあります。これらは、それ自体が危険だということではありません。危険なのは、それを誇示することです。オウム真理教の麻原彰晃が演じて見せた「空中浮揚」があります。多くの信者を集め、その結果、地下鉄サリン事件など幾多の殺人犯罪を行いました。

天は次のように、サイキックパワーを身につけることを戒めています。

思念体は、重なった精妙エネルギー（素粒子）を動かすことができる。サイキックパワーとは精妙エネルギーを動かす力である。

サイキックパワーを身につけることは、魂レベルとは無関係である。視力や走る能力を高めることが、魂レベルと無関係であるのと同じである。

サイキックパワーを身につけるレッスンは危険である。思念体が精妙エネルギーを動かすレッスンをしているとき、容易にネガティブ神が自身の思念体をその人の生体マトリクスに張り付けることができる。

ネガティブ神がさまざまなサイキックパワーを演出して喜ばせる。その裏でネガティブ神は自由にその人間の心を操り、魂を低下させる。サイキックパワーをもって人間界で活躍している人々は、ほとんどすべてネガティブ神が演出している。ネガティブ神はその人だけを操るのではない。サイキックパワーに魅せられている人々をも操っているのである。

人間は、ふつうの人ができない超能力を身につけることができたら、どれほどすばらしいことか、と夢想します。しかし、空中浮揚ができたところで、それはその人の魂を成長させることにまったくつながりません。かえって、人の心を操って楽しむネガティブ神の絶好の標的になります。天は続けて言います。

サイキックパワーを求めたい人は、守護神とのつながりを深めることである。守護神は魂の親であり、幾千回もの過去世すべてを魂とともに生きてきた。守護神は、カルマ（問題ある心理プログラム）を解除して魂レベルを上げることができる。

守護神とは、言葉のやりとりも可能になる。守護神は、最終的に魂を永遠の生命まで導く。

サイキックパワーを求めている人は、神自身がその力をもっている存在なのだから、神とともに生きなさい、と言っています。とくに守護神はあなたの魂の親だから、言葉のやりとりもできるし、すばらしい魂への成長をサポートしてくれる、と言っているのです。

2. 宗教は心の服従や非寛容を生む

さて、それでは宗教はどうなのでしょうか。天は次のように言っています。

宗教(1)
神々という言葉を語れば、人々から宗教と思われるだろう。
宗教は、一つまたは複数の神をまつり、あがめ、祈ることで、そこから導きや利益を受けようとするものである。(まつられている神は存在する場合もあるが、存在しない場合もある。)
宗教の教義(ドグマ)として作り上げられたもののほとんどは、直接その神からのメッセージを伝えたものではなく、宗教指導者が作り上げたお話である。

釈迦牟尼本人やイエス本人の言葉と言えるものは、たしかに伝えられています。そして、それは真実の神からインスパイアされたものです。かれら本人たちは宗教の教祖でも信者でもないのです。

しかし、今伝えられているのは、宗教になった教義です。ほとんどは弟子や「聖職者」が作ったり、「国教」になって書き足されたりして、雪だるま式に膨らんだものです。真に神が語ったことと、宗教の教義とは大きくかけ離れていきます。

天は続けて言います。

宗教（２）

宗教のプロセスでは、私たち神々は直接個々人にサポートすることはできない。

宗教は、御利益を提供することで、ネガティブ神に介入させる余地を与える。

宗教は、神とつながるとされる聖職者を作り、平信徒がその知性を支配される。

宗教は、教義にもとづく修行で人生のエネルギーを浪費させたり、まちがった規則に人を縛りつけたりする。

宗教は、他の信仰への非寛容な心を育む。

私たちがイエスや釈迦牟尼を、神や最高位の意識実体として崇拝するとどうなるでしょう。真実の神とのつながりが中断されてしまいます。真実の神との通路がふさがれるのです。

その中断によって、天が指摘する問題が生じます。御利益宗教、聖職者支配、擬似修行、非寛容です。これら四つには、次に見るネガティブ神が介入しやすい「隙間《すきま》」が含まれています。宗教戦争や魔女狩り、カルト集団（「オウム真理教」「統一教会」など）に顕著な宗教的服従や狂信、そして社会生活の破壊さえ生み出していくのです。

とくに人間は、御利益に弱いところがあります。何かお願い事やお祈りをして現世的にいいことがあると、神さまのおかげと思うところがあります。たしかにそこには、守護霊（祖先霊）のサポートがあったのかもしれません。しかし、神さまは人の合格や出世、お金儲けなど、そんなことに対して安易にサポートはしません。私たちが天の摂理にそった大きな目的を歩むときに、サポートしてくれるのです。「魂的に見て成功した人生」がそこから広がるのです。

天はさらに続けます。

宗教（3）

神々（高次意識実体）の存在は、客観的事実である。

神にひれふす必要はないが、すべての人間とすべての神々に対し、分け隔てなく敬意を払う精神をもって生きるのは、摂理の第一の原則である。神々は、人間が自分の頭を使って主体的に努力することを、インスピレーションを与えるなどして、人間にわからないかたちでサポートする。右渦巻き世界は、人間が社会的体験をして、気づきと学びを得る場である。神々は、人間の失敗体験も魂の学びのプロセスと見て、その機会を奪わないのである。しかし、そこに人間の気づきと学びがあるならば、神々は全面的にサポートに入る。

神々は、人間が自ら努力し、気づきと学びがあるとき、全面的にサポートに入ると言っています。これはある意味で、神々と人間のコラボレーションです。失敗もまた貴重な経験なのです。同じ大きな目的に向かって、お互いに敬意をもってともに歩もうと言っているのです。

その過程に、教義もなければ聖職者もいないのです。ただ摂理があり、それにそって神々が客観的に存在しているのです。

第13章　人を操って楽しむ「ネガティブ神」

1．「ネガティブ神」とは何か

「ネガティブ」というのは、日本語で言えば、「否定的」という意味です。何に対して否定的なのでしょう。それは、天の摂理に対して否定的なのです。そして、人間の魂が天の摂理にそいながら、高みに向かって成長していくことに対して否定的なのです。

そして、「ネガティブ神」も神ですから、一つの思念体であり、「私」意識をもって精妙エネルギーに重なって存在しています。だから、人間の魂に対していろいろな働きかけをして、人間の魂を低レベルに誘おうとするネガティブな意識実体なのです。

天は次のように言っています。

ネガティブ神（２０１２年12月受信）

人間の魂を低レベルに誘うのはネガティブ神である。ネガティブ神は、人間の魂の親ではない、左渦巻き「私」意識実体である。人間から崇拝されたい、すごいと思われたいという自己顕示欲をもっている神である。人間の魂の向上、すなわち摂理ある思考と行動へ人間を導くことに関心をもたない。

ここでは、非常に簡潔に問題がとらえられています。すなわち、人間の魂を生み出す星の神々ではなく、人の心を操って楽しむ神々がいるということです。

ネガティブ神に操られることとは、人生を棒に振ることである。

人生の目的は、摂理にもとづくVO活動を体験することによって、魂Sを向上させることにある。ネガティブ神に操られることは、VO活動の質を低下させ、魂の苦悩を引き起こすことである。

ネガティブ神は、カルマを利用して摂理に反する言動をさせて楽しむ。ネガティブ神は、表に見せる聖なる教えと反対のことをして楽しんでいるのである。

ネガティブ神の危険なところは、「表に見せる聖なる教え」です。願いをもっている人に、まずはそれを実現するように見せて近づいてきます。人はそれを「聖なる神」と思い込んでしまうのです。

それでは、このようなネガティブな存在は、どのように生まれたのでしょうか。

天に尋ねました。「ヤーコプ・ベーメは、神が天使を作り、その内のルチフェルが神の力をもとうとして悪の道を開いた、と言っています（岡村康夫著『無底と戯れ　ヤーコプ・ベーメ研究』昭和堂、2012年、第二章第二節参照）が、これは正しいですか？」と。天は次のように答えました。


その理解は正しい。ある星々は天使を創り、ある星々は魂を創った。ルチフェルはすばらしい天使であり、あるときその力を発揮して星の神々を大変喜ばせた。それに気をよくしたルチフェルは、そうしたすばらしいことをいろいろ続けることによって、力を磨いた。しかし、しだいに「自分は神と同等の力をもっている」と思うようになり、我意を天界に広げていった。そうすることによって、星々の至るところに我意が住み着き、さまざまな悪をはびこらせた。そして、我意のぶつかり合いが争いを生み、また争いを喜ぶ存在が生み出される。それが悪である。

他にも一つのエピソードがあります。1994年、アメリカのある女性が自分の腫瘍を神的な力で治すことができた、ということからTヒーリングという方法を創案し普及させています。これについて、天は次のように解説します。

これはT星の神の力によるものである。たしかに、腫瘍などを治す力を発揮することができたのかもしれない。しかし、この神は人間の魂を向上させるということには関心がない。なぜなら、T星は100万年前の魂プロジェクトには参加していない、遠来の星であり、近年光が地球に届くようになってその神が人間に関心をもち、そのような力を発揮したのである。

このT星の神は、「悪」ということはしていないにしても、人間の魂の向上、言い換えれば「天の摂理」の実現ということには無関心なのです（その後、星の神々とコミュニケートできたようです）。このようなかたちで、天の摂理に対して消極的な神々も存在している、ということを知っておく必要があります。

2.「ネガティブ神」の影響を受けないために

私たち人類に直結しているのは、前述のような宇宙的なレベルではなく、地球上のネガティブ神の存在です。「神」とはいっても、これまで見てきた星の神とはまったく異なった姿をしています。簡単に言えば、「土俗的な神」「地域的な神」になるでしょう。天は次のように言います。

地球上のネガティブ神が重なっているのは、やはり精妙エネルギー体である。それは、地球の地形や動植物の精妙エネルギーの渦の発生とともに生まれた。地球の場合は地形が多様であり、そこに動植物が繁栄している。それらすべてに精妙エネルギーの流れと渦ができる。それら精妙エネルギーボディに対応して、左渦巻き「私」意識実体が存在する。

地球は地形と生態が多様ですから、ネガティブ神はいろいろなところにある精妙エネルギー体に重なって生息することができます。光の届かないところ、たとえば洞窟や川淵にも存在できるわけです。天は言います。

その場には光が届かないので、神がそれを把握するのは難しい。これらの悪をコントロールするのが神の大事な責務である。しかし、残念ながらこの責務はいまだ十分には果たされていない。

しかも、人類というきわめて興味深い、魂という思念体をもっている存在が身近にいるわけですから、ネガティブ神にとって好奇心の絶好の対象となります。天は続けます。

彼らは人間に存在を認められ、崇拝されたいし、すごいと思われたい。だから、それぞれの得意分野によって、人間に願い事をされて叶えたり、人間を気で投げ飛ばしたり、人間に超感覚知覚をもたせてすごいと思わせたりする。そしてつながった人間に恩恵を与えると見せて、裏で人間たちを操っている。あるいは地域的な神なので、他地域の神との戦いを人々にさせる。争い、いざこざを人間にさせて楽しんでいる。

人間の身近で、しかも地域に根ざしているということで、大きな影響力をもっています。地球上のそのような「悪」の起源を探ることも興味をそそられます。

地球上に生命が誕生し、恐竜時代は弱肉強食の状態も生じ、そこに恐怖と、恐怖の裏返しとしての攻撃が一つの思念となって広がっていったことが考えられます。人間が一番陥りやすい心理は、恐怖と怒りです。この思念が各地域で渦となり、一つのネガティブな思念体、すなわち悪神となり、各地形の精妙エネルギー体に重なって増殖していく、ということが考えられます。

天は次のように言います。

地球の悪の発生を説明することは難しい。生命の誕生以来、地球では生存競争が行われ、強いものが勝つという争いが生じた。それが進んだ状態が農耕定着である。農耕定着は〝主人〟と〝奴隷〟という支配隷属の関係を生んだ。多くの被抑圧者の抵抗活動が生まれた。悪はその支配隷属と抵抗の闘いのなかから生じた。

もちろん、地域によって人々が助け合い、喜びをともにする生活をしてきたところでは、よき思念の渦ができ、それが地域神となっているところもあるでしょう。「地域神は、そのすべてが悪質かというと、もちろんそうではない」と天も言っています。

私たち自身が、神社や地域の社や祠にまつられている神さまの良否を感じられるように、自身の精妙エネルギー体と魂をピュアにする必要があります。そして、神社のお賽銭箱の前は、御利益を願う人々の現世的に汚れた思念で満ちていることを心にとめておく必要があります。

それを、天につながる自分のピュアな心で吹き払うことがまず先決でしょう。

ところで、地上のネガティブ神のもっともひどい存在が「悪霊」です。「ヒトラーや麻原彰晃（元オウム真理教教祖）には悪霊が憑依していた」と天は言っています。

悪霊

人間にとって最悪に作用するのは悪霊である。悪をなした人々の意識が一つの念となり、強く地上に残り、あちこちの洞や川淵に重なって存在している。日々、人々の悪意識に重なっていき、そうして悪は人間の心のなかに巣くい、悪を広げていく。

悪霊は人に憑依してその人の判断力を狂わせて、殺人を犯させたりする。悪霊は人を苦しめて楽しんでいる意識実体である。そうした類の本を読んだりするうちに、その本から出てその人に憑依する。悪霊は右渦巻き世界（現実世界）にいる左渦巻き実体（思念体）である。

では、このようなネガティブ神は取り除くことができるのでしょうか。「それを直接取り除くことはできない」と天は言います。

そもそも、ネガティブ神もその組成は星の神と同じで、思念体＋精妙エネルギー体ですから、これを消去することはできません。できることは、「人々が不断に神の光のなかに身を置くことである」。ネガティブ神を自分の心と生活に介入させないことです。自分の精妙エネルギーを不断に浄化し、光のもとで自分の心をピュアに保つことです。そうしていけば、地上全体においても、ネガティブ神を支える補給路が断たれ、その活動する場もだんだん小さくなっていきます。

これは、SARSや今回の新型コロナウイルス感染の状況とよく似ています。マスクをし、3密を避け、手を洗うという基本的に正しいことをしておけば、ウイルスの感染を防げる、ということです。しかし、人感染ウイルスそのものを消滅させることはできない、ということでもあります。

コラム

善と悪の分岐点に立っている人間——シェリング『人間的自由の本質』を読む

エバとアダムによる「原罪」

いま地球上にはさまざまな悪が広がっています。プーチン大統領によるウクライナ侵攻というような帝国主義者の意識的な悪、資本主義というシステムが不可避的にもたらす貧困と格差、ならびに地球生態系の破壊という悪、私たちの日々の生活のなかで生み出される抑圧、差別や欺瞞《ぎまん》などの悪。

人間におけるこれら「悪」という問題は、根が深くて、どのようにとらえたらよいのかわからないところがあります。人類にとってはやっかいな問題です。

こんにち、キリスト教文明が広く世界を覆っているので、エバとアダムの「楽園からの追放（失楽園）」や「原罪」を思い起こす人も多いでしょう。あらためて『聖書』の創世記を見てみましょう。

神は土くれに息を吹き込んでアダムを創り、アダムのあばら骨からエバを創りました。

植物と野獣も創りますが、そのなかの蛇がエバを誘惑するのです。神が「あなたがたはそれ（園の中央にある木の実）を食べてはならない」と命じているにもかかわらず、蛇は「あなたがそれを食べるそのとき、あなたがたの目が開け、あなたがたが神のようになり、善悪を知るようになることを神は知っているのです」と誘惑したのです。エバは木の実を食べ、アダムにも勧めて食べさせたのでした。

神はアダムに言います。「土地は、あなたの故に呪われてしまった。あなたは、一生、苦しんで食を得なければならない」。そして「見よ、人はわれわれの一人のようになり、善悪を知るようになった。今、彼が、手を伸ばし、いのちの木からも取って食べ、永遠に生きないように」と。そして、神は二人をエデンの園から追放しました。（『聖書　新改訳』「創世記」2、3より要約、日本聖書刊行会、1970年）

筆者はここから二つのことを読みとります。一つは、人間は「神のようになり、善悪を知るように」なり、また自分たちが裸であることを恥じる自我意識をもったことです。これは、まさに「神のようにな」ることによって、神から自由になったということです。天が言うように、魂が神から人間に分与されて創生されるにあたって、半独立性を与えられ神から相対的に自由な意志を獲得したことを意味していると思われます。しかし、聖書はそのことを「原罪」となし、人間は生まれながらにして罪ないし悪を背負い込んでいる、としています。

もう一つは、歴史的背景として、聖書の食や土地に対するとらえ方が、農耕が中心になった時代、すなわち農耕定着文明の始まりを反映していることです。神はアダムに「土地は呪われてしまった」と言いますし、エバの子カインは「土地を耕す者」でしたが、「羊を飼う者」である弟アベルを殺してしまいます。狩猟牧畜の時代は大きな抗争はなく神とともに生きていた時代でしたが、農耕文明によってそれが駆逐されたことを象徴的に表現しています。農耕文明は土地と収穫をめぐる抗争をもたらしますが、「原罪」はこのような歴史を背景にしていると読みとれます。このことは、第10章で見たように天が、5千年前から始まった農耕文明によって人類に対立と苦悩が生じていった、と指摘しているところです。

さて、ここでは前者のテーマに焦点を当てましょう。「蛇」に象徴される、悪がどこから来たのか？　という根本的な課題は残されたままであるからです。

神とは異なったものとしての諸事物の根拠、それは「暗黒」

シェリング（１７７５年～１８５４年）は34歳のときに『人間的自由の本質』を書きます。

「自由とは善と悪との能力である……もしも自由が、悪へ向かいうる一能力であるならば、自由は、神からは独立したひとつの根をもっていなければならない」（シェリング著、渡辺二郎訳『世界の名著 続9』「人間的自由の本質」420－3頁、中央公論社、1974年）

悪は自由から生じる、そうであるならば、自由は「神から独立したひとつの根」をもっているはずだ、とシェリングはまず基本的なテーマを立て、「ひとつの根」を「諸事物」に見ます。そして、次のように述べます。

「諸事物は、神とは異なった根拠のうちで生成するのでしなければならない。」（シェリング、429頁）

まさにきわめて唯物論的な「事物」観です。そしてまた同時に、諸事物と神とのあいだに「根源的統一」があることも指摘します。これらは、第2部で考察してきた天の世界観とほぼ一致します。天も意識とは異なる独自の「物質（エネルギーを含む）」世界を設定し、物質と意識という二つの発生の源として「一つの始原」を置きましたが、そのこととと照合できます。

そして、次に彼は、悪の発生について考察します。「諸事物」の世界すなわち自然は、そのなかからさまざまな生き物を生み出していきますが、そうした生き物の「存在者の根拠」をなす自然そのものは、それ自体としては悟性という（光の）原理を含まないものであり、それゆえ「暗黒」であると言います。（古代ギリシャにおける「質料」、近代のカントにおける「物自体」というとらえ方を想起します。）

被造物に「我意」が生じる

そして、この暗黒のなかに生じてきた「被造物」である存在者に「我意」が生まれるのだ、と言います。

「この原理は、それが根拠から由来して暗いものであるかぎりは、被造物の我意であって、この我意はしかし、それがまだ〔悟性の原理としての〕光と完全に統一するよう高められていなくて〔光を捉えていない〕かぎりは、たんなる悪癖もしくは欲望であり、つまりは盲目的な意志なのである。」（シェリング、433－4頁）

悪の発生は、このように「被造物の我意」というように規定されました。これは具体的な悪の姿を想起する助けになります。

かの恐竜全盛時代には恐竜同士の壮絶な弱肉強食の争いがあったのではないか？　知能が高まったチンパンジーにおいては同種殺し（第6章2節参照）のようなことが頻繁に起きていたのではないか？　また、20万年前に登場したホモ・サピエンスがネアンデルタール人など他の人種を絶滅させて生き延びたのは、ホモ・サピエンスに多様な欲望を実現するというDNA的な特質があり、それがいわば環境の開発を促進し、他の人種を生存不能に追いやったのではないか？（NHK ヒューマニエンス 40億年のたくらみ「〝絶滅人類〟ホモ・サピエンスを映す鏡」（2022年3月31日放映）参照）そして人類の農耕定着によって土地と収穫をめぐる抗争が勃発し、縄張り争いを激化させたのではないか？

これらのそれぞれに「我意」が認められます。しかし、他方で、それらの質には大きな違いがあると言えます。恐竜は生存をめぐる条件反射的な主体性があったとしても、「盲目的意志」であり「たんなる欲望」でしかありません。自己意識というものはありません。天も、魚類、両生類、爬虫類には魂（S）はなく、反射行動（VO）しかないと言っています。

チンパンジーには、自分の群れ、他者の群れという認識が生まれていて、自分の群れを大きくするという意識を、すなわち「私」意識（S）をもっています。しかし、チンパンジーは、自分の行為や意識をもう一人の自分が見て、恥ずかしさを感じたり、善や悪の判断をしたりはしません。つまり自分を省みる意識をもっていないのです。

しかし、農耕文明の段階に入った人間は、自分の群れ（村）を守るために他の群れ（村）と争います。その過程で自分の群れ（村）の内部の活動や秩序を客観的に見て、その統合や調整に取り組みます。チンパンジー段階の他の群れに対する関係は、人間においては自分の群れの内部の成員間の関係に織り込まれていきます。こうして人間は、他者とかかわっている自分と、そのように活動している自分を注視する自分に分解していくことになります。自分をも意識の対象にする、自己意識の誕生と成長が始まるのです。たんなる「我意」が、こうして反省的な自己意識、真の自己意識へと形成されるのです。いまや、罪や悪の意識が生まれ、それは「たんなる悪癖」ではなくなっているのです。

これは、自分の裸を恥ずかしく思う気持ち、エデンの園という幸せの村を追われるという悪と罪の自覚、食を得るための大きな苦労など、『聖書』創世記が語る姿と重なってきます。それゆえ、エバとアダムに対して、「あなたがたが神のようになり、善悪を知るようになることを神は知っているのです」と言う蛇の誘惑は、人間が反省的自己意識をもつことを勧めているとも言え、深い意味があることがわかります。「神のようになり、善悪を知る」ということが、人間にとっていかに不可避で重要であるか、ということです。

「暗黒」から「光」を求める「根源的な憧憬（あこがれ）」

シェリングは、これらの「我意」の進化と成長を、「存在の根拠」という「暗黒」のなかに「神の悟性の光」が差しこんでいく過程として哲学的に考察します。


「すべての生誕は、暗黒から光に向かっての生誕なのである。……人間は、母胎のなかで形づくられる。そして、悟性なきものの暗黒のうちから（認識のすばらしい母である感情や憧憬のうちから）こそ、はじめて、光にあふれた思想が、生い育ってくる。」（シェリング、431頁）

魚類や爬虫類のようにたんなる「我意」のなかに閉じ込められて生きているかぎり、それは「暗黒」である、というのです。そこから悟性の光を求めて生い育っていくことこそが、真の「生誕」であり、それをうながす原動力が「根源的な憧憬（あこがれ）」であると説いています。（この「根源的な憧憬」はプラトンが説く、善イデアを希求する「エロース」を想起させます。）

「蛇の誘惑」という言葉はとてもネガティブな響きがあります。しかし、人間のなかに「暗黒」から「光」にむけての「根源的な憧憬」があるとすれば、蛇は人間の思いを知ってその背中を押してやった、というポジティブな意味をもちます。ですから、キリスト教のように、この「根源的な憧憬」を「原罪」という檻のなかに閉じ込めることは、人間をあまりにネガティブな道に追いやることになるのではないでしょうか。

人間のうちにおいてのみ神は世界を愛した

さて、いよいよシェリングの主張は最高潮を迎えます。

「人間のうちにおいてこそ、暗闇の原理の全威力が存在すると同時に、その同じ人間のうちにおいてこそ、光の全勢力も存在する。人間のうちには、最深の深淵と最高の天空が、もしくは二つの中心が、存在する。人間の意志は、まだ根拠のうちにとどまっているにすぎない神の、永遠の憧憬のうちに秘められている萌芽、である。神が自然への意志を固めたときに認めた、深みのうちに閉ざされている神的な生命の閃光、である。このもののうち〔つまり、人間のうち〕においてのみ、神は世界を愛した。」（シェリング、４３４頁）

人間が植物的・動物的生命であるという「最深の深淵」をもつと同時に、「神の萌芽」として「最高の天空」をめざす存在であることが、示されています。そして、後半部で、人間をそのようなものとして（暗黒の）自然のなかに置くことを、「神が自然への意志を固めた」という表現で表わしています。神は大きな決意のもとで人間の魂を地上に創り、その人間を通じて「神は世界を愛した」のです。

筆者は、シェリングのこの一節が、神を表現した人間の言葉として最高のものの一つではないかと考えます。天（神々）の側から言わせれば、100万年まえにサルの思念体に神々の思念体を重ね、「半独立性」をもつ「私」意識を与えて人間の魂を創った、ということであり、それは天（神々）の大きな決意と愛を意味している、ということになります。シェリングは、このことを人間の側から人間の言葉で表現している、と言えるでしょう。

人間のなかに「霊魂」が立ち上がってくる

そして、実際シェリングはこの過程において人間の「霊魂」が立ち上がってくるさまを、次のように叙述しています。

「この区分［悟性と根拠］のうちで、したがって自然的な根拠の深みのうちから、諸力の中心点として成立してくる生きた紐帯は、霊魂である。根源的な悟性は、霊魂を、自分からは独立した根拠のうちから、内的なものとして、浮かびあがらせてくるわけであるから、霊魂は、まさしくそのゆえに、それ自身は悟性からはあくまで独立しており、ひとつの特別なそれ自身だけで存立する存在者として、あるのである。」（シェリング、433頁、［　］内筆者）

ここには、人間の魂の二重性がよくとらえられています。一つは、魂が人間の生きる事物世界をあくまで「自然的な根拠」にしており、根拠それ自体としては「神からは独立している」こと、もう一つは、「根源的な悟性」すなわち神が、「自然的な根拠」のうちから「内的なものとして、浮かびあがらせて」魂を創り、「ひとつの特別な存在者」としたこと、です。シェリングはこの二重性のなかに「人間の自由」と「人格性」を見いだすのです。

暗闇と光の分岐点に立つ人間

以上において、およそシェリングの「人間的自由」の主旨はとらえられたのではないかと思います。そして、その系として「悪」の位置づけは次のようになります。

「人間の意志においては、精神的となった自我性が（精神は光のうえに立つわけであるから」、光から分離してゆくということが起こるのであって、つまり神のうちでは分ち難く結び合っていた二原理［光と暗闇］の分解が起こるのである。……まさに我意のかの高まりが悪なのである」（同、436-7頁、［　］内筆者）

「精神的となった自我性」とは、魂の「私」意識のことと言えます。それは、自由であるだけに、光と暗闇の分岐点に、また善と悪の分岐点に不断に立たされています。善は、人間精神の悪との壮絶な闘いを通してのみ達成される、とシェリングは言っています。その不断の緊張と確執のなかでこそ魂は磨かれるのです。

しかし、「我意のかの高まり」は分岐点のバランスを崩し、光から分離して悪への道をとうとうと下っていく人々を生み出します。魂がそのような下落の途を歩むことを、シェリングはこう言います。

「神の存在すべきはずの位置に、別の精神が、ひらりと飛び移ってその場を占めてしまう。これはすなわち、逆倒した神である。」（同、466頁）

人間の悪的所業をなす精神は、神から離れ、一つの「逆倒した神」に占拠されてしまうというのです。この「逆倒した神」というおもしろい表現は、天の言う「ネガティブ神」と意味合いが大きく重なってきます。

シェリングはこうも言います。

「人間的に受難する神という概念なしには、全歴史は、あくまでも捉え難いものにとどまる」（同、484頁）

真の神は人間の魂を生み、人間に自由を与え、善と悪の分岐点において受難を経験させながら、自らも人間とともに歩み、受難し自己生成していっています。そのように考えると「全歴史は捉え」やすいものになるというのです。そうであれば、人間も、神とともに歩み、受難し自己生成していかねばならないことは、言うまでもありません。

第14章　魂のレベルを高める〈ふるまい〉

1. 神の摂理にそった〈ふるまい〉とは

以上のように見てくると、私たちは魂のレベルをより神の摂理にそったものへと高めること、そして、この世への生まれ変わりを卒業して高次魂として人々を助けることができるようになること、が大事であることがわかってきます。

私たちは、今すぐ高次魂になれるわけではありませんので、日々の生活のなかで少しずつ魂のレベルを引き上げていかなければなりません。天は〈ふるまい〉を通じた人間の成長を期待しています。

人間の魂にとって大切なことは、他者の魂とどのようにかかわりあうか、です。それが〈ふるまい〉なのです。相手を尊重しともに助け合うのか、相手を見下し相手の自由意志を踏みにじるのか、です。このような態度は知的能力と必ずしも比例しないと、天は言います。

身体能力や知的能力の発達と魂レベルの発達は、別のラインである。知的能力が高いから魂レベルが高いわけではないし、知的能力が低いから魂レベルが低いわけではない。
天の摂理に気づき、摂理にそった心をもってふるまうとき、魂レベルが発達していく。

現代社会では能力主義の競争が日々行われています。それを勝ち抜いて、幹部やトップになる人たちは「偉い」のです。それに負けた人は「偉くない」のです。しかし、天は、それは魂レベルの発達ということとは別ラインだと言っています。

中間管理職にとどまってその板挟みの苦しさを味わっている人、下積みや不安定な仕事で苦労が多い人、そうした人たちもその苦しみを通じて「気づき」を経験し、魂レベルを上げているのです。出世して高慢になっている人たちより、魂レベルでは高いでしょう。

気づきのために、六つの摂理を大きく二つに分けて覚えるとよいでしょう。一つは、相手を独立した人格（魂）として理解し尊重する（76頁、魂の向上のために重要な①②⑤⑥）、もう一つは、相手と協力して仕事しその成果をシェアする（分かち合う）（同じく③④）、です。

天は、人間が日々の生活のなかでどのようにふるまうのがいいかを、わかりやすく示していきます。以下にいくつか見てみましょう。

ふるまい（2012年10月受信。以下本章中同じ）

ふるまいのなかでもっとも重要なのは、他の人の「私」意識（魂）とのかかわりである。なぜなら、物質世界にかかわるふるまいは大切であっても、今回の人生のなかだけで終わる。しかし、他の人の「私」意識とのかかわりは永遠の性格をもっているからである。

あなたが他の人を傷つけるふるまいをしたら、遠くに旅行に出かけても、時間が経っても、その出来事は、無時空の場にあるあなたの「私」意識のなかに消えることなくあり、霊的な意味で相手の不快感はあなたに影響を及ぼし続ける。

ふるまいを摂理にそったものにしていくしか、道はないのである。

重要なのは、他者の魂とのかかわりあいなのです。魂は物質と違って永遠かつ無時空の存在なので、他者を傷つけるというふるまいは、反作用してあなた自身の魂の傷になってしまいます。

感情

感情は、魂の「私」意識が心理体験する重要な構成要素である。

「私はAさんに怒っている」「私はBさんを憎んでいる」「私はCさんに嫉妬している」などであり、この感情が「私」意識に収納され、他者との不快な霊的関係が形成されてしまう。

魂は、不快な霊的関係の形成に悲鳴を上げる。他者との肯定的な霊的関係を結ぶことを切望している。すなわち、魂は「Aさんを許す」「Bさんに親愛の情を感じる」「Cさんを祝福する」ことを願っている。

「魂は、不快な霊的関係の形成に悲鳴を上げる」というのは、的確な指摘です。今、能力主義と業績主義のなかで、いろいろな相手との競争、対抗が迫られていて人々は悲鳴を上げています。そのため、大人も子どももストレスが増大し、心身の病的症状となってあらわれるケースがあります。

そういうなかで摂理にそったふるまいをするのは大変なことです。しかし、できるところからやっていけば、おのずと周囲の雰囲気は変わっていきます。

話し方

言葉も、その振動とともに精妙なエネルギーと思念(意識)を運んでいる。そして相手の精妙なエネルギーを振動させ、相手の思念(意識)に影響している。

「どしゃぶりの雨ですね」と言ったとき、言葉の意味とともに、その人の精妙エネルギーと思念は心理を伝えている。

同じ意味内容を伝えている話し方でも、敬意を払っている人への話し方と、軽く見ている人への話し方には違いが出てくる。親しい人とそうでない人への話し方も違いが出る。すべての人に敬意を払うレッスンとして話し方を考えてみることは、魂向上のスピリチュアルレッスンの一部である。

「今日はいいお天気ですね」というのは、日本ではあいさつの定番です。内容はほとんどありません。社交なのです。社交は「社交辞令」とか「中身がない」といわれて不人気な言葉ですが、(ドイツの社会学者ジンメルも言っているように)内容がないからこそ、言葉を交わす二人のあいだに響き合う振動、「心(魂)の相互作用」そのものが浮かび上がってくるのです。相手に敬意を払う響きそのものが、話し方のベースになるのです。

2. ネガティブなふるまい

続いてネガティブなふるまいについて見ていきます。

独り占め

「独り占めすることなく、分かち合いなさい」は、摂理の原理の一つである。

親から引き継いだ莫大な財産、自分の能力と手腕で築いた莫大な財産の持ち主がいる。現実世界だけを見る人は、どこまでもその財産を増やしたいと思う。

今生を自分の欲にもとづいて生きた人は、無時空の「私」意識だけになったとき、恥ずかしく思う。そこでは、現実世界の富と栄誉はなんの意味もなさない。

魂は、この現実の物的世界を、独り占めではなく分かち合って生きることを望んでいる。

人々は生活する上でいろいろな物を交換しあいます。その仲立ちとして、お金（貨幣）は大事な役割をもっています。ところで、お酒についておもしろい諺《ことわざ》があります。「人酒を呑む、酒酒を呑む、酒人を呑む」です。お酒を飲みすぎて自制心を失わないように、という戒めの意味があります。これをお金にあてはめると、こんにちの資本主義のあり方をとてもよく表現することができます。「人金を使う、金金を使う、金人を使う」となり、お金が一人歩きしていき、最後に人間をのみ込んでしまうのです。

こんにち、一握りの人々が兆単位の資産をため込んでいます。たとえば、マイクロソフトの創業者ビル・ゲイツ氏は８６０億ドルの資産（２０１7年推定、世界1位）をもっています。彼の場合、その一部で自らの財団を作り慈善活動をしています。すべて独り占めすることは、やはり良心が痛むのでしょう。でもいったん独り占めして、そのあと少し分けるよりも、そういう独り占めが起きない社会を作っていきたいものです。

怒り、憎しみ

怒りは「私」意識実体のあいだにおいて生じる。侮辱を受けると、第3チャクラの「私は価値ある人間です」という自尊感情の構造が揺らぐ。構造を守るために心理的闘争を必要とする。

応戦のための怒りの感情が第3チャクラの思念体を通じて精妙エネルギーを振動させ、それが生体マトリクス全体を振動させる。その結果、ノルアドレナリンを増加させ、ホルモン分泌と神経反応が引き起こされる。

敬意を払って人に接することは、相手の心理構造を傷つけず、怒りを引き起こさない。

「私は価値ある人間です」という自尊感情は、自由意志を真髄とする魂がもつ自然な感情でしょう。他人から侮辱されたり軽蔑されたりすると、その大事な感情が揺るがされ、「自尊感情の構造」が壊されるのではないかという危機感をもちます。それに対する防衛反応が怒りであり憎しみとしてあらわれるのです。
怒りと憎しみはそういう意味で人間が一番陥りやすいネガティブな感情です。

嫉妬

嫉妬も、第3チャクラの「私は価値ある人間です」という自尊感情に関連している。「私の価値はこの人より劣る」というかたちで自尊感情に揺らぎを引き起こされている。嫉妬は、その人の価値をそのまま認めると自分の価値を低下させるのではないか、という気持ちからくる。したがって、その人の評価を下げようという心理活動を生む。それは「敬意を払う」という摂理の原理から乖離させ魂を劣化させる。

嫉妬は、現実世界が多様な世界であり、一つの価値、一つのものさしでは計れないことを見失っている。嫉妬感情をもちやすい人は、まず「すべての人に敬意を払う」ことからレッスンすれば、自分に対しても敬意を払うことができるようになる。

嫉妬は、自分より優れた人に対して起きる妬《ねた》みの感情です。これも自尊感情が揺るがされることから生じますが、怒りや憎しみのように一時に集中してあらわれるものではなく、平常の気持ちのなかに底深くたまっていくものです。それだけに、取り除くのもやっかいといえます。

人にはいろいろな面で得手《えて》不得手《ふえて》があるという、多様性を理解することが大事です。

心配

心配の種は尽きることがない。どんなことでも見方一つで心配の種になる。あなたが、本当に心配すべきは、摂理にそったふるまいと生き方をしているかどうかである。

目の前の心配なことについては、可能な努力をしてあとは天に任せなさい。

「試験に合格するか心配する前に、必要な努力をしなさい」

「地震を心配する前に、備えをしなさい」

摂理にそったふるまいをしているとき、あなたの思ったとおりにことが進まなかったとしても、必ずあなたにサポートが入る。他の人間からの助け、神の隠れたサポートがある。

景気の大きな変動、災害、感染症、戦争など、私たちは今変転きわまりない時代に生きています。私たちの心配は増えるばかりです。天は、人間がまず必要な努力をしなさい、と言っています。そして、それが摂理にそった行いであるならば、たとえ思ったとおりにならなくても、他の人や神々からのサポートが入る、と言っています。まさに「天は自ら助くる者を助く」なのです。そこに摂理を実行するという真実が入っているから、天の助けが可能となるのです。

3. ポジティブなふるまい

では次に、ポジティブなふるまいを見てみましょう。

勇気

ここでは、バンジージャンプのような高いところから落ちる勇気を論じるのではない。電車のなかで立っている老人や妊婦に、席を譲ろうと思って声をかけるときの勇気である。目の見えない人が一人で歩いているのを見たら、「何かサポートできることがありますか」と一言かける勇気である。また謝るべきときに謝る勇気である。

席を譲ろうと声をかけるときに感じる躊躇《ちゅうちょ》は、他の人にかかわって「私」意識が感じるものである。この躊躇とそれを乗り越える勇気との関係は、魂の前進運動を推進する力とそれを阻む力の対抗として生じているものである。

この勇気の発揮こそ魂的に見た人生の成功をもたらす。

私たちは人に席を譲ろうと思うときでも、それを実行するのになぜ躊躇してしまうのでしょうか。相手に断られたらバツが悪いというのもあります。また、周囲の人から「あの人は善意の人なのだな」と見られるのがプレッシャーになるというのもあります。日本では、みんなで協力して絆を結んで人を助けるのは得意ですが、一人だけが善いことをすると特別なことをするように見られて、「出る杭は打たれる」怖れがあるからでしょう。

このような周囲の目のプレッシャーを乗り越える勇気が求められています。周囲の目をネガティブに感じるのではなく、「みんなもハンディキャップのある人に席を譲りたいと思っている、私はそれが実行できる場に今いる」と思えばよいのです。そう思うことが摂理にそったことであり、勇気を生み出すのです。

遊び

遊びとは、自由に自発的に互いの交流それ自体を楽しむものである。

そのとき、楽しいという感情が、生体マトリクスの精妙エネルギーの振動を通じて、参加者全員に共有されている。生体マトリクス同士の共鳴振動は、「親しみ」の感覚として各自に知覚される。遊びは、集合的な喜びの感情を生み出す。

遊びを通じる喜びは、参加者に摂理の大切さを教える。

①誰かを軽蔑したら、

②喜びを分かち合う気持ちがなかったら、
③協力しなかったら、
④互いの自主性を尊重しなかったら、
⑤誰かに迎合したり、分けへだてたりしたら、

遊びを通ずる集合的な喜びの感情は、台無しになる。

遊びでは、みんなの楽しい感情がお互いの親しみを通じて、集合的な喜びに展開する様子が描かれています。

喜び

神々も人間も、あらゆる「私」意識は喜びの感情をもっている。類似の言葉に嬉しさ・楽しさがある。おもちゃを買ってもらって嬉しい、旅行を楽しむ、という風に。「嬉しい」と漢字で書くように、これらは喜びの言葉をあてはめることができる。しかし、喜びと、嬉しさ・楽しさは別々の感覚である。「入学試験に合格して嬉しい」の嬉しいは、合格の瞬間だけである。しかし、喜びは、卒業するまで入学できた喜びを噛みしめながら生活できる。旅で景色は楽しむが、楽しむのは景色が見えるあいだだけである。

つまり、「嬉しい」は時間的に短く、「楽しい」は空間的な制約がある。

喜びは、主観Subject側により密着した感覚である。すなわち楽しさも嬉しさも対象Objectに左右される感情であるが、喜びは、より「私」意識S（魂）にかかわる感覚である。

魂は喜ぶのである。魂は、摂理にそって生きるようになることを喜ぶ。神々もまた、人間が摂理にそって生きるようになることを、喜びをもって見守っている。

喜びと嬉しさ・楽しさの違いを、これほど明快に説明したものも少ないと思います。人間にとって喜びほど大切なものはないでしょう。

いたわり

いたわりは、現実生活における打算を大なり小なり含む親切とは違う。傷ついている魂は、それが打算であることを見抜いてしまう。

傷ついた心には、「私」意識の思念体に傷ができ、流れが滞った部分がある。思念体は身体のもっとも精妙な部分に重なっているゆえに、思念体の傷は、体を修復する精妙なエネルギーの流れを阻害するのである。

傷ついた心は、物質・エネルギーの領域からは癒やすことができない。同じ意識の領域に属する心の活動によってのみ心の傷は癒やされる。いたわりの心をもった人は、心の傷を癒やす力をもっているのである。

親切には打算が含まれている、とは天も辛口の批評家です。言われてみれば、たしかに親切には優越者から劣等者への援助という心理的格差が大なり小なり含まれています。親切より深いところにいたわりがある、というのです。いたわりは「労り」と書き、広辞苑では「労をねぎらうこと」とあります。ねぎらうも「労う」と書いて「ほねおりを慰める」とあります。その人の苦労に共感し、その苦労をねぎらうことです。近年では、東日本大震災の被災者へ多くの人からいたわりが寄せられました。そのなかでも、１９９５年に起きた阪神大震災の被災者たちから寄せられたいたわりは、東日本大震災の被災者にとってもっとも癒やされ励まされるものとなりました。苦難と苦労に対する共感がとても強いからです。

許し

ここでは「ああ許すまじ原爆を」などのような社会運動に出てくる言葉ではなく、個人間における許しをテーマとする。

個人間のトラブルにおいては、「許す」という明確な言葉でピリオドを打つことが重要である。問題の所在を相手に伝え、相手が理解し、謝罪があり、許す、というように展開することが理想である。謝罪がなくても「許す」の明言で終わることが望ましい。

怒り、憎しみ、腹立ちは、思念体が精妙エネルギーと重なって凝固し、自分の生体マトリクス（身体）における精妙エネルギーの流れを阻害する。それは経絡の詰まりなどになって、臓器の不健康を引き起こす。許すという行為でこれらの凝固を溶かし、体内の精妙なエネルギーの流れを良好にする。

問題を引き起こした相手側も、こちらの抗議で容易に変化するものではない。問題があれば何度でも指摘して、何度でも許してあげることが必要である。なぜなら問題を指摘されたこと自体に反発する感情が、「許す」の言葉で消え、問題を引き起こす相手の深部のプログラムが何かの探求に向かうことを可能にするからである。「許す」の言葉がないと、その探求を反発心がふさいでしまう。

怒りと憎しみは、思念体と精妙エネルギーを凝固させてしまい、臓器の不健康を引き起こします。それを溶かすのが許しです。「問題があれば何度でも指摘して、何度でも許してあげる」というのは含蓄が深い言葉です。あなたがそうすることによって、相手は自分の問題ある心のプログラムを反省すること、つまり気づきを得ること、が可能となるのです。

感謝

無数の星々は、どの一つが欠けても宇宙のバランスを壊す。無数の他の星々が自分の存在を支えている。神々は互いに他の星に感謝の心をもっている。

人類もまた互いの存在を前提として自分が生存している。人間の生活に不可欠な衣食住、教育、医療など、どの一つをとっても他の無数の人々が自分を支えている。人々も神々のように、互いに他の人々に感謝の心をもつべきなのである。

すべての人々に感謝の心をもつとき、摂理にそった生き方に近づく。そして魂の救いがもたらされる。

人間は社会をなして生きているのだから、生活に不可欠な衣食住、教育、医療などを通してお互いに他の人々に感謝し合うべきである、と言っています。今コロナ禍のもとでそれらを担っているエッセンシャルワーカーの重要性があらためて認識され、その人たちへの感謝が社会的に行われています。天は、そういうことこそ大事なのだ、と言っています。

天の摂理は以上のようにいろいろなかたちでメッセージされていて、けっして道徳っぽい、規律的なことではなく、ふつうの人間らしい生き方を表しています。私たちの、ふるまいを通じた気づきと学びを待っているのです。

第15章　スピリチュアル・プラクティス
――魂の浄化、ならびに神の助言を得る方法

天と神々が人間に訴えていることはとてもシンプルです。「神々とともに歩もう。それを妨害しているあなたのなかにある心のブロックを外そう」ということです。あなたが自分自身の「問題ある心理プログラム（カルマ）」に気づき、それを解除しようと思えば、神々はそれを手助けするというものです。

カルマを解除するには、摂理に反した感情、思考、行動を生み出した自分の心理プログラムへの気づきが必要である。

守護神だけがカルマを解除できる。守護神とつながって思索瞑想をするならば、自分のカルマに気づき、それによって守護神にカルマを解除してもらうことが可能である。

魂はカルマの解除を望んでいる。カルマは魂のレベルアップを妨げている。魂をレベル

アップすることがスピリチュアル・プラクティスである。カルマ解除は、スピリチュアル・プラクティスの核心部分になくてはならない。

スピリチュアル・プラクティスの核心は「カルマの解除」です。自分を摂理から遠ざけている「問題ある心理プログラム」を特定し、それを消去することです。それに向けて、一歩一歩、プラクティスを進めていきましょう。

1. 自分の精妙エネルギーを浄化しよう

まず、自分の精妙エネルギー（気）を清浄にすることが大事です。日常生活のなかでできることをあげてみましょう。

1. 穏やかなヒーリング音楽を聴く
「ヒーリング音楽」と銘打ったものでなくても、バッハやモーツァルトなど心静かに聴けるクラシック音楽などを聴きましょう。鳥や虫、せせらぎの音などの環境音もいいです。

2. 散歩、山登り、水泳

家の近くでも空を見上げ、深呼吸しながら散歩しましょう。山歩き・山登りや水泳など、人と競わない運動もとてもいいです。

3. ヨガやゆっくりした動作での太極拳

ヨガや太極拳をやっている方は多いことと思います。それを続けましょう。まだの方は、できるならば始めましょう。

4. 家はできるだけ清潔に

家は陽当たりがよく、風通しがいいに越したことはありません。壁や天井もほこりがつくと精妙エネルギーの流れが悪くなります。ときおり、掃除しましょう。

5. 摂理にそった日々のふるまい

何より大事なのは、天の摂理にそったふるまいを日常生活のなかで行うことです。天は次のように言います。

日々の摂理ある言動の実践こそが、最大のスピリチュアル・プラクティスである。

① すべての相手に敬意を払う。
② 分かち合う姿勢で対処する。
③ 協力的姿勢で対処する。

④相手の意志を尊重する。
⑤誰に対しても分け隔てなく①〜④の姿勢をとる。

「おはよう」「こんにちは」というあいさつのなかに、この気持ちを込めるだけであなたの精妙エネルギーは浄化されます。

2．瞑想で星の神とつながる

精妙エネルギーをクリアにしたあとは、瞑想でそれに重なっている魂をクリアにしていきましょう。瞑想の際、部屋の窓は少し開けておきます。すべてのプラクティスでそうしてください。瞑想の基本は「星とつながる瞑想」です。次に紹介するとおり、瞑想中、イメージの天空に星（自分の魂の親）が輝くのを感じるようにします。それで星の神とつながります。

①まず、ゆったりと座ります（椅子でも座禅座りでも、自分の楽な座り方）。
②背筋を無理なく伸ばし、呼吸を整えます（そして、星空の写真を見ましょう）。
③目を軽くつぶり、その瞑想空間を日没後（ブルーアワー）の深い青色にしていきます。海

が近い人は海の色でもよいでしょう。紫水晶やアメジストをもっている人は、その色をイメージするのもよいです。透明な鉱物感もイメージングの助けになります。

④その空間を、自分の町から始まって日本、地球、太陽系、天の川銀河と広げていきます。

⑤天の川銀河までその青色が広がっていくと、自分の頭上の天空に自然と星々が輝くように感じられます。ちょうど深い森のなかで、はるか頭上から木漏れ日が降り注いでくる感じです。

⑥頭上まっすぐ上に輝く星があなたの守護星です。その光に、あなたの魂の親である守護神が重なっています。

⑦その光を思慕《しぼ》する気持ちで受けとめます。自分の方から、気持ちを込めたやわらかいレーザービームを、背筋から垂直に上に伸ばしていき、星の光を迎えにいく、というのを試してみるのもよいでしょう。頭上に光の柱が立ってきます。

星の光とつながるようになるには、1週間から1か月くらいかかるかもしれません。一番いいのは星が輝く夜空の下で、天空に広がる星々と頭上まっすぐ上の星の光を実際に感じることです。フトマニの「トホカミイェヒタメ」を繰り返すこと（本書147－8頁）、また、本書末尾に掲げている「大祈願」を瞑想しながら日々唱えることも、神とのつながりを強めることになるでしょう。

3．神からの返事をもらう——「yes－noチェック」

星の神に尋ねて、yesあるいはnoの返事をもらいましょう。「yes－noチェック」と言います。

「私は男（あるいは女）ですか？」「私は日本人ですか？」など事実を尋ねる質問を星に対して行い、瞑想天空で星が光ればyes、光らなければnoです。もちろん、自分が知っている事実を質問するのですから、予断があります。しかし、虚心坦懐に星の光のyes、noを見る練習をします。同じ質問内容で正と逆（たとえば男ですか？　女ですか？）の二度聞いて確認できます。

これができるようになると、かなりのことが天から教えられます。次の聞き方だけで多くのことを聞くことができます。

＊私は◯◯を選択しようと思っています。これは私の人生にとって、適切ですか？（適切ではないですか？）（ただし、この場合の選択は真剣に考えたものでなければなりません）

また、自分の守護星がどれであるか、はかなり手間がかかりますが、次のようにして探すことができます。

＊星座の図鑑等を開く。①このページの星座に私の守護星は出ていますか？（yesの場合）②このページの上半分にでていますか？（yesの場合）③この星座にありますか？（yesの

場合）④この星座のなかのこの星ですか？（ｙｅｓになるまで、すべての星について尋ねる）。

4. カルマの解除のためにチャクラを浄化する

魂をクリアリング（浄化）するために、自分の「問題ある心理プログラム」すなわちカルマを解除していかなければなりません。いろいろにある心理プログラムは、それぞれ対応するチャクラに記憶、保存されています。この記憶を消去することによってカルマが解除されるのです。

ここでは、ヨガあるいは太極拳によって、チャクラのクリアリングをします。

天は次のようにアドバイスします。

1. 魂クリアリングの方法は、星とつながる瞑想、思索瞑想、ヨガ2ポーズ、星とつながる太極拳である。

2. 星とつながる瞑想を3分する。

①頭上天空高く星を意識する。

②「私は守護神を思慕します」を3回心のなかで言う。

（この②は、すべてのクリアリング、ヒーリングを始めるときの基本です。大事にして唱えましょう。）

３．続けて思索瞑想をして解除すべき心理プログラムを思索する。

①人生のなかで問題に感じているネガティブな体験を、言葉にしてノートに書き出す。

（中学生まで、高校から青年期、壮年期など分けて、それぞれの時期に、「○○をして相手を傷つけてしまった」「□□をして自分は後悔している」「△△をされて自分はいやだった」というように、○○や□□、△△の体験を具体的にノートに記していきます。）

②書き出したネガティブな体験のなかから共通のパターンを見いだし、それをプログラムとして文にしノートにメモする。

（〈みんなより劣っていると思われることが怖い〉、〈すぐ落ち込んでしまう〉、〈すぐカッとなって自分の感情をそのまま相手にぶつける〉、〈強い人には腰を低くし、弱い人には強く出たりする〉など）

ただし、共通のパターンを見いだしにくい方は、個々のネガティブな体験をそのまま使っても問題ありません。以降の「プログラム」「心理プログラム」を「ネガティブな体験」と読み替えて行なってください。（268－9頁の「5　過去世からのカルマを解除するプラクティス」も同様）

４．解除したいプログラムを一つ設定して、これを解除したまえと念じ、天空に星を意識しながら、ヨガのスキのポーズで第1、第2チャクラを、コブラのポーズで第3、第4、第5、第6チャクラを意識する。（170頁の図を参照）

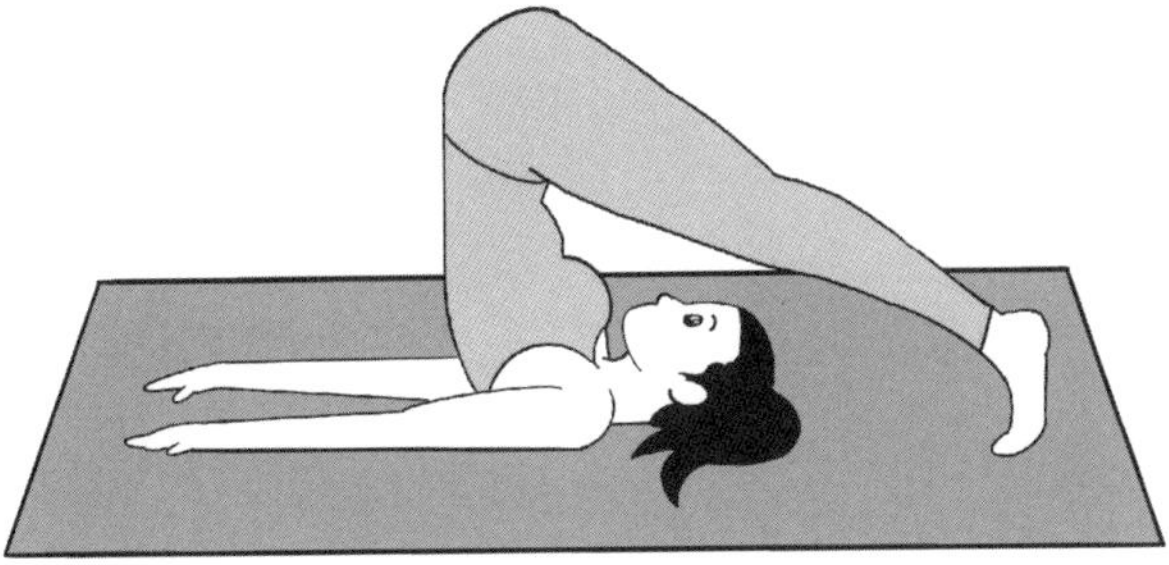

スキのポーズ

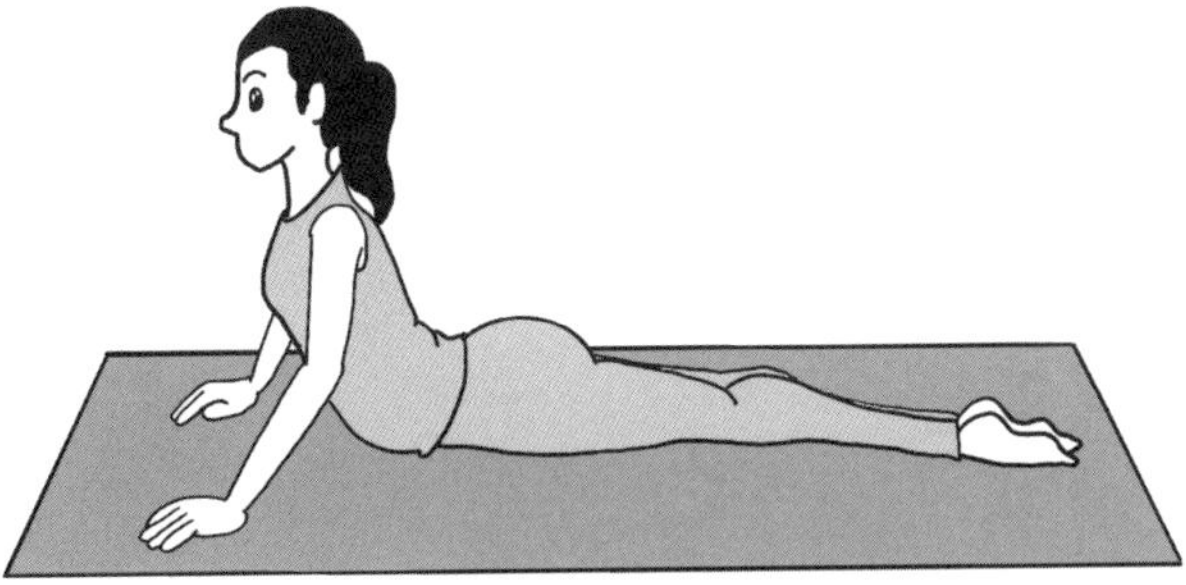

コブラのポーズ

①各チャクラを30秒間意識する。
②天空に星を意識していることで、守護神が各チャクラの心理プログラムの記憶をクリアリングする。
あるいは、天空に星を意識して、「星とつながる太極拳」をする。解除したい心理プログラムを解除したまえと念じて、行う。
①天空の星の光を生体マトリクスに吸い込むことによって、守護神が思索瞑想で思い出した過去の不快感をヒーリングし、消去する。
②星とつながる太極拳は、守護神の星とのつながりを強める。
③各チャクラが浄化されていく。
（「星とつながる太極拳」は第7チャクラのまっすぐ上はるかに、星の光を見ながら行います。太極とは星のことです。呼吸は、額の前1.5m先を入口・出口として気の出し入れをします。通常の太極拳の呼吸より倍以上ゆっくりした速度で行います。）

5．心理プログラムが消去されたかどうか守護神に聞く。
①頭上天空に星を明瞭に意識する。
②「心理プログラムの（一つ目）の……は消去されていますか？」と尋ねる。星が明るくな

るか暗くなるかを感じる。明るくなれば守護神はイエスと答え、暗くなればノーと答えている。

③「……は解除されていませんか?」と逆に言って、星の輝きが反対の答えをするかどうか確認する。

6. 終わるときは、守護神に対して「ありがとうございました」を三度となえる。

7. 消去されなかった心理プログラムについては、今後の魂クリアリングの課題にする。
(すぐさま解除されるとはかぎらないので、ノートに書かれた心理プログラムを「チャクラの記憶から消去する」プラクティスを続ける。)

この方法は、ヨガや太極拳に親しんでいる人をはじめ、だれにでも取り組みやすいプラクティスです。続けてみましょう。

なお、自分の守護星や守護神の名前を知らなくても問題ありません。守護星は頭上に輝いてくれます。

コラム

チャクラを浄化する和歌チャクラ瞑想

以下の七つの和歌は、MM氏がフトマニヒーリングを探求しているときに、天が降ろしたものです。この和歌のなかには、フトマニ図の外側二つの輪のなかにあるフトマニ文字から組み合わせたキーワードが入っており、そのキーワードが和歌と組み合わさって生体マトリクスに振動を呼び起こします。その振動が星の神アナヒタを呼び、意識したチャクラの個所を浄化（クリアリング）するのです。

さらにこの和歌全体によって星の神が第7チャクラを通じて、人間の思考を司る前頭葉の精妙エネルギーボディに星の神の思念体を呼んで重ねるようになっています。人間はより容易に星の神の言葉、守護神の言葉を受け取ることができます。それぞれのチャクラを光らせながら、和歌を唱えます。（ただし、ここでは第9章3節と少し異なっていて、第2チャクラがへそ下3センチに設定され、第4チャクラが胸腺に、第5チャクラが甲状腺に設定されています。）

①地球の中心から銀光が上がってきて第1チャクラ（尾てい骨）の真ん中が輝きます。

おはこけい　はににかためて　かたちなす　もよろならせる　だいちのちから

②へそ下3センチのところ第2チャクラで銀光のボールが輝きます。

へおゑての　たえずながれて　きよくあり　へねせのみずの　かたちかわらず

③みぞおちのところ第3チャクラで銀光のボールが輝きます。

すぬうもえ　うずまくほのお　ゆんのつる　ふにむくみちお　もやしひらけり

④胸腺のところ第4チャクラで銀光のボールが輝きます。

しきにみゆ　みどりそよぎて　しきにちり　あめのいきにて　いよろうごきぬ

⑤甲状腺のところ第5チャクラで銀光のボールが輝きます。

あのはらは　すべてまじわる　あおきはら　こころをつなぐ　みえぬあいさの

⑥額の奥の視床のところ第6チャクラで銀光が輝きます。

あのやまは　たなるみちある　たかきやま　いただきがいま　ここにあるやま

⑦天空で強く輝く守護神の星から銀光が降りてきて脳上の第7チャクラが輝きます。

あのやまに　つよくかがやく　しゅごしんの　ひかりのもとで　すべていやせり

これら七つの和歌はできるだけ暗唱できるようにしましょう。

5．過去世からのカルマを解除するプラクティス

いよいよ神からの言葉を受け取るプラクティスです。ここではあなたのカルマは、今生の心理プログラムに直接あらわれていると考えます。

カルマの解除をブロックしている過去世体験があります。カルマを解除するためには、次のコマンド（指示）を神に対して行い、ブロックになっている過去世体験を書き出して消去するのです。基本コマンドは次です。

「私の心理プログラム（……）を消去するのを妨げている過去世体験を教えたまえ」

天は次のように、そのプラクティスの手順を説明しています。

頭上天空に星を明瞭に意識して３分間瞑想する。

「私は守護神を思慕します」と心のなかで３回言う。

「私の心理プログラム（……）を消去するのを妨げているブロックは過去世体験のなかにいくつありますか、教えたまえ」と神に尋ねる。

心に数が浮かぶのを待つ。心に浮かんだ数を書きとめる。

「数は守護神からのものですか?」と聞く。守護神はｙｅｓのときは星を輝かせ、ｎｏのときは星を暗くする（ｎｏのときはもう一度聞きなおす）。

その数だけ過去世の体験を守護神に聞く。

「ブロックとなっている過去世の体験を教えたまえ」と守護神にお願いし、過去世の体験についで言葉と文が湧くのを待つ。それを紙に書きとめていく。（「いつごろ、どこでの過去世体験ですか?」と尋ねると聞きやすい。）

「（過去世体験の文章・・・）は、守護神からのものですか?」と質問し、自分の潜在意識からではないことを確認する。（守護神はイエスのときは星を輝かせ、ノーのときは星を暗くする（ｎｏのときはもう一度聞きなおす））。

過去世を最初に聞いた数だけ聞く。

終わったら「ありがとうございました」と3回唱えて終了する。

天から過去世体験を聞くということは、私たちのそれぞれのチャクラに保存されている過去世体験のなかから、あてはまる特定の体験を守護神が取り出し、教えてくれるのです。それが書きとめられて明示されると、直ちに守護神がそれを消去してくれる、ということなのです。

ところで、神の言葉として過去世体験を聞くということは、最初はなかなか難しいものです。神の言葉が浮かんでくるのは、いつも私たちが考えたり想像したりする脳内空間と同じ場所だからです。自分の意識を読んでいるのか、神の言葉を読んでいるのか、わかりにくいからです。

だから、1回ずつyes－noチェックをすることが必要なのです。

だんだん慣れてくると、同じように言葉が湧いてくるといっても、天空はるかに輝く星の神のあたりで湧く言葉と、自分のいつもの思考空間で湧く言葉と、その高さが違うことがわかってきます。天空の星のあたりで湧く言葉を書きとめましょう。

浮かんでくる言葉をそのつど書きとめましょう。数文字の語句ごとに書きとめ、最初から文章として書きとめないようにすることが肝要です。文章として言葉を受け取ろうとすると、自分の意識で意味ある文章にしてしまうからです。あくまで語句で書きとめていきましょう。そうして書きとめられた過去世（文章）は、MM氏が聴き取った過去世（第3章4節）よりも短く簡潔なものでよいのです。

なお、神にお願いするときは、「～したまえ（してください）」という敬語を使いましょう。

6. ポジティブ・プログラムの組み込み

自分のなかにあるネガティブな心理プログラムを消去したあとに、ポジティブなプログラム、すなわち「天の摂理にそったプログラム」「理想の自分を実現するプログラム」を組み入れます。

ここでも、この組み入れを妨害するブロックとなっている過去世体験を解除していきます。


頭上天空に星を明瞭に意識して３分間瞑想する。

「私は守護神を思慕します」と心のなかで３回言う。

「摂理（すべての人間に敬意を払うふるまいをする）を自分の心理プログラムに組み込むのを妨げているブロックは、過去世体験のなかにいくつありますか？」と神に尋ねる。

心に数が浮かぶのを待つ。心に浮かんだ数を書きとめる。

「数は守護神からのものですか？」と聞く。守護神はｙｅｓのときは星を輝かせ、ｎｏのときは星を暗くする。守護神が必要であると教えた数だけ過去世の体験を守護神に聞く。

「ブロックとなっている過去世の体験を教えたまえ」と守護神にお願いし、過去世の体験について言葉と文が湧くのを待つ。それを紙に書きとめていく。

「（過去世体験の文章・・・　　　　）は、守護神からのものですか？」と質問し、自分の潜在意識からではないことを確認する。守護神はｙｅｓのときは星を輝かせ、ｎｏのときは星を暗くする（ｎｏのときはもう１度聞きなおす）。

過去世を最初に聞いた数だけ聞く。
終わったら「ありがとうございました」を3回唱えて終了する。

やり方は、前節5のカルマ解除と同じです。摂理は「私は分かち合って生きています」「私は他の人々に協力して生きています」「私は他の人々の意志を尊重して生きています」「私は誰に対しても分け隔てなく対処して生きています」と続きます。これらの摂理プログラムを守護神に組み込んでもらいます。

同じやり方で「理想の自分を実現する」プログラム、たとえば「私は相手がどんな人であっても堂々と話をすることができます」「私は人に会ったら明るい気持ちであいさつをします」などを組み入れます。ただし、自分で設定した理想のプログラムが、自分にとって適切なものかどうかを、事前に神にｙｅｓ－ｎｏチェックで判断してもらってから始めてください。このやり方で、あなた自身の心のありようはどんどんポジティブになり高まっていくでしょう。

7. 身体と心のヒーリング（癒やし）

悪いところを治す（癒やす）というのがヒーリングです。身体に対しても心に対しても行います。

守護神に自分の臓器、細胞の不調のヒーリングをお願いする。

①頭上天空に星を明瞭に意識する。

②「私は守護神を思慕します」を3回心のなかで言う。

③不調の箇所を言葉にして「（　　）を癒やしたまえ」と守護神にお願いする。

④星の光を、第7チャクラを通じて吸い込み、不調の箇所を光で満たす。

⑤息を吐きながら、その光を大地に流し去る。

⑥「不調の個所がヒーリングできましたか」とyes－noチェックをする。（noのときはもう一度行う。）

（　）は、胃腸炎、目の疲れ、脳神経の疲れなどいろいろ入ります。心の場合は、③と④が次のようになります。

③心のなかでしこり、こだわりとなっている「（○○さんに対する怒りなど）を消去したまえ」と守護神にお願いする。

④星の光を、第7チャクラを通じて吸い込み、生体マトクリス内に充満させる。

このヒーリングは、自分だけではなく、家族や親族、友人、知人に対しても本人の了解のもとに、行うことができます（家族のみ、了解不要）。

ここでは、ヒーリングの対象者を、瞑想で自分の前1.5mのところに姿を立てることが必要です。これをビジュアライゼーションといいます。

守護神に○○さんのヒーリングをお願いする。

①頭上天空に星を明瞭に意識する。
②「私は守護神を思慕します」を3回心のなかで言う。
③○○さんの像を1.5m前にビジュアライゼーションします。
④不調の箇所を言葉にして「○○さんの（　　　）を癒やしたまえ」と守護神にお願いする。
⑤星の光を、自分の第7チャクラを通じて吸い込みながら、同時に○○さんの像の第7チャクラから降ろしていき、不調の箇所を光で満たす。
⑥自分もその光を受けながら、光を十分に満たし終えた感じがしたら、息を吐きながら、○○さんの光を大地に流し去る。

⑦不調の個所がヒーリングできましたか、とyes-noチェックをする。（noのときはもう一度行う。）

心の不調のときも、同じようにします。

8. いろいろな問題の解明を神にお願いする

以上の方法を身につけていくと、次のようにいろいろなことの解明を神にお願いすることができます。

①自分が（あるいは○○さんが）仕事や生活で行きあたっている問題を、思索瞑想して紙に書き出す。
②頭上天空に星を明瞭に意識する。
③「私は守護神を思慕します」を3回心のなかで言う。
④「この問題は何が原因であり、何が一番問題なのかを解明したまえ」と聞く。
⑤神の答えは何項目ですか、と数を尋ねる。（その数だけ次を行う。）

⑥一つずつ、神の言葉を語句として書きとめ、文章にする。
⑦yes－noチェックをする。（noのときはもう一度行う。）
⑧「この問題を解決するにはどうしたらよいか、解明したまえ」とさらに解明をお願いすることができる。
⑨終わるときは「ありがとうございました」を3回となえる。

本章の最後にあたり、筆者が解明をお願いした二つの事例を掲げておきます。

[質問] 人が、天の摂理から外れていない生活を送っているなかで、実際の生活上いろいろ生じる問題についてどのような選択をすればよいか、神からアドバイスをもらうことはできるでしょうか。（回答項目はいくつですか？　六つ）

[答え]
1 その質問はよくわかったからできる質問である。
2 なかなか答えにくいが、人の一生はいろいろな苦難が押し寄せる。
3 だから、それを乗り越えるためにいくつかの選択が行われる。
4 そのとき、神はどの選択が正しいかを教えることはできない。

5 しかし、どの選択においてもそれぞれ課題があるので、それを教えることはできる。
6 それを参考にして、選択するのは人間である。

「人間（魂）の意思決定は、その人の自由と責任においてなされる」という考え方が、神には徹底されているな、とあらためて思いました。その上で人間をサポートする神の態度は、人間風に言えばまさに「寛容と忍耐」なのだと感じます。

［質問］人間社会の未来の展開についてですが、未来については「現在のなかの潜在的未来を知っている」（はじめに）とありますが、人間は自由な創発性をもっています。これまで社会の未来についていくつか質問しましたが、必ずしも明快な答えをもらえなかったように思います。この点を解明したまえ。（回答項目はいくつですか？　五つ）

［答え］
1 たしかにそれは難しいことである。
2 神は独立性をもつ人の心を、よりよく理解する方法を磨いている。
3 しかし、心は一つの渦であり、心と心の相互関係は渦の渦、またそれらが組織や国家となっていく。

４　渦がくり返し重ねられて社会ができているので、それらの未来を読み取ることはとても難しい。
５　明日の天気は予測できるが、人の気持ちの明日は予測できないように、社会の動向を未来に向けてとらえだすことは、神にとっても難しい。

「神は人の心をよりよく理解する方法を磨いている」ということですが、筆者は「ふるまい」（第14章）についての神の考察を読むとき、そこに深さと明晰さを感じました。とくに「いたわり」と「親切」の微妙な差異と関連について、感動を覚えました。

その神をして、「心の渦、またその渦の渦」を理解することが難しいということですから、人間という存在のとらえ難さをあらためて知るしだいです。

神は次のようにも言います。「自分や他の人の身体の状態を神に診断してもらおうと思うならば、身体解剖図を見て身体の諸器官について場所と名称をしっかり勉強しておきなさい」また、「自分や他の人の守護星を神から教えてもらおうと思うならば、星座図を見て、各星座や星の位置と名称をしっかり勉強しておきなさい」と。

このように、神々はその人の語彙（ボキャブラリー）と知識を利用して、自らの意思内容を伝えるのです。人間の側にその条件がないときは、伝えることも受け取ることもあいまいなものになるでしょう。

ですから、MM氏や筆者のように、歴史や社会、哲学についての知識がある場合は、それらの語彙と知識を使って神々はメッセージを伝えます。小説など文学的素養のあるMT氏には、詩というかたちで伝えられました。気持ちと身体の両方で若い人たちをリードしてきたバレエ指導者のYRさんは、自分や両親の過去世を人が躍動する物語として伝えられ、聴き取りました。

ここにも、神々の多様性と人間たちの多様性が呼応している姿があるのです。

（追記）

この本の制作中に、ロシアのプーチン大統領によるウクライナ侵攻が始まりました（2022年2月24日）。3月中旬現在、侵攻によるウクライナ民衆の犠牲と都市や町の破壊が日々増大しています。「プーチンの暴虐」に世界の多くの人が憤り、心を痛めています。天＝神とQ＆Aを試みたものを追記させていただきます。

［質問1］ロシアによるウクライナ侵攻について解明したまえ。（回答項目はいくつですか？　六つ）

［答え］
1 ロシアによるウクライナの軍事侵攻はロシアの権力的要求が生み出したものである。
2 それを止めることは難しい。
3 いずれの側にも大きな犠牲が出る。
4 今からこの戦争を止めるためには、みんなの力を合わせる必要がある。
5 とくに西側の諸国の人々が力を合わせて、ウクライナ民衆の救済にあたらなければならない。
6 プーチンの側近たちは今、彼を押しとどめようとしている。それが成功することが期待される。

［質問2］プーチン氏は悪霊に支配されていますか。プーチン氏の状態を解明したまえ。（回答項目はいくつですか？　七つ）

［答え］
1 プーチンはいつも人の弱みを探して、自分の利益を手に入れることを考えている。
2 そのやり方は、権力と金が彼に集中するように、長い間培ってきた策謀的なしくみによって可能になっている。

3 今後、彼は権力を一身に集中し、ロシアでの不動の地位を確保しようとしている。
4 今回の侵攻はその大きな一手である。
5 これを成功させることは、彼にとって人生最大の賭けである。
6 今のところ、それは必ずしもうまく進んでいるわけではない。
7 彼は悪霊に憑依されているというよりは、悪を自らの欲得のために何のはばかりもなく追求するという存在である。

[質問3] プーチン氏は核使用をちらつかせています。これは人類にとってどのような意味をもちますか。解明したまえ。(回答項目はいくつですか? 九つ)

[答え]
1 人類が核を使用する危険は今や大きくなっている。
2 どちらの側も大量の核兵器を準備し、いつでも使えるよう準備している。
3 そういうなかで、今回のウクライナの情勢はロシアの核兵器使用の可能性をもたらしている。
4 これは今までにない危険な状況であり、世界の人々が声をそろえて反対していかねばならないことである。

５ 核のボタンが押されれば、アメリカ、ロシアをはじめ、多くの国が甚大な被害を受けることになる。
６ 世界の経済は破綻し、人々の暮らしは壊れてしまう。
７ このような危機的状況にいたってはいないが、このまま推移すればその危険は増大する。
８ 今、人類がなすべきは核兵器不使用、核廃絶の活動を広げ、世論で包囲していくことである。
９ 迂遠に思えるかもしれないが、それしか道はない。

［質問４］この侵攻をやめさせるために、神の力を発揮してもらう有効なスピリチュアル・ワークについて、解明したまえ。

［質問４－１］プーチン氏の侵攻をやめさせるよう、神に力の発揮をお願いする。（回答項目はいくつですか？　二つ）

Ａ
１ これは一定の効果がある。
２ しかし、これはあまり効果的ではない。

[質問4-2] プーチン氏を1.5m前にビジュアライゼーションし、次のヒーリングを行なう。
①彼の侵攻の意志を解きほぐし、溶かし、流し去らせたまえ。
②彼の核兵器使用の意志を解きほぐし、溶かし、流し去らせたまえ。
③彼に愛の心を流れ入れさせたまえ。
それぞれ、星の神の光をプーチン氏の頭上から足下へ流す。（回答項目はいくつですか？　七つ）
[答え]
1　これは今から取り組むには、少し遅すぎる。
2　もはや彼は凝り固まった意志をもっているので、これを溶かすことは難しい。
3　しかし、それでもこれを行なうことが意味をもつとすれば、彼が少しは人間的な要素を残しているという可能性に賭けることになる。
4　その可能性は大きくはないが、何もやらないよりはいい。
5　あなたがそれを始めているが、それはよいことである。
6　ただ、その力は微弱である。
7　多くの人たちがそれを行うよう、働きかけることが大事である。
[質問4-3] 世界の人々が協力して侵攻阻止の動きを強めるよう、神にお願いする。（回答

項目はいくつですか？　五つ）

［答え］

1 これはもっとも大事な祈りである。

2 というのは、地球人類が心を一つにし、この暴虐に対して声を上げることこそがもっとも大事だからである。

3 今も多くの人々がその活動に立ち上がっている。

4 この動きを皆で励まし合って強めていくべきである。

5 神々はその動きをサポートする。

以上が、ロシアのウクライナ侵攻についての、神とのQ＆Aです。いずれも、ごく当たり前といえば当たり前のことがいわれています。「奇策（奇跡的な策）」というものはありません。世界の人々が心を一つにして、侵攻阻止と核兵器使用反対の声を上げ、行動を起こすことです。神々は、それを強め前進させるためにサポートをしていく、と表明しています。人間と神々のコラボレーションが求められているのです。

おわりに

本書を通して、天と神々が私たちに与えたメッセージの基本を紹介し、解説することができました。

おわりにあたって、神とはどういうものかを、かなり印象的に述べてみたいと思います。神といえばすぐ「全知全能」という言葉が連想されます。そのように、神は人間にとってとても大きな存在です。

しかし、神は「地震を起こしたり、止めたりすることはできない。それは物質世界の自然法則にのっとって起きているのだ」と言います。そして、「神は全知であるが、全能ではない」と言いきります。物質・エネルギー世界は独自の運動法則で動いている、それを神々が変更することはできない、と。

けれども、30億年前のDNAプロジェクトにおいて、素粒子レベルの宇宙定数を全宇宙にわたって変更したことは、神々の能力の大きさを示すものです。素粒子の渦の形成においては、神々は影響を及ぼすことができるのです。

なお、それに際しては、「神の思念体を宇宙の精妙エネルギーに重ねて、宇宙の物質的運動法則を正しく認識する」という大前提がありました。いわば科学的立場は、神自身の立場であるということです。ちょうど人間が自然法則を認識した上で、技術を開発し産業と労働で自然を改造していくようなものです。

神の思念の能力については、100万年前に魂プロジェクトで猿に神の思念体を重ね、分身として新しい思念体である魂を創った、という大きな出来事もありました。しかも、地球の自転で起きる昼夜を利用して、魂を星の神から半ば独立した、自由をもったものとして創りました。宇宙において初めての試みであった、とのことでした。

さて、神の「全知」についてはどうでしょうか。

人間は「全知の神」といえば、「神は何でも知っている」というように考えます。日常的なさまざまなことについて、なんでも神は知っているはずなので、その「御託宣」を仰ごうという気持ちをもちます。しかし、人間が天の摂理に到達する営みの過程で、神はその人を見守りサポートする存在です。現実生活のなかで人間に押し寄せるいろいろな苦難について、神はいろいろアドバイスをしてくれます。けれども、最終的に選択するのは人間自身である、と神は言っています。

人はこれを忘れて、御利益を神頼みする、という安易な道に陥りがちです。そうすると、その心の隙にネガティブ神がつけ入ってきて、その人の人生をゆがめていきます。神はそれを恐れています。「摂理にそって生きよう」「神とともに歩もう」と人に呼びかけているのは、それを避けるためなのです。

全知の重要なポイントに未来予測があります。これについては、「神の思念体は、ヒッグス粒子をベースに時空の特定点に自らを重ねているので、特定点の過去、現在、未来を知ることができる」と言っています。しかし、神は、地震であれ何であれ、その未来予測については、「それ自体を人間に伝えることはしない。というのは、それをすると人間の心に神への依存心ができ、ネガティブ神がそこにつけいって悪い影響を与えることになるからである」という立場をとっています。地震など未来予測は、あくまで人間が自身の努力によって開拓すべきである、そして、その活動を神々はサポートする、としています。

天は、「周辺の銀河系の神々とコミュニケーションしながら、宇宙全体にネットワークを形成している」とも言っています。

このようなことから、同時にわかってくることは、神々の世界が一つの社会をなしているということです。今見たように、宇宙全体に神々はネットワークを形成しています。また、天の川銀河においても、「地球人類の魂の成長と発展を積極的に進めている神々のグループがあり、それに賛意をもって協力している多くの神々がいる。そして1割くらいの神々はそれに無関心である」というように、社会的な構成があるのです。

人間の社会の未来予測については、第15章末尾の解明事例にあるように、独立性をもって自由に意思決定する人間の心の未来を読み取ることは難しいこと、その心が何乗にも渦となって社会を構成しているので、社会の未来を読み取るのはさらに難しい、ということでした。

やはり、人類の課題である「地球惑星社会」の実現は、人間自身がやり遂げていかなければならない課題でしょう。そうすることによって初めて、神々もサポートを有効かつ力強く行うことができるでしょう。

以上のような意味合いを込めて、まず人間が始めることは、次に掲げる「大祈願（The Great Invocation)」を自分の心の基底に据えて、日々唱えながら、それにそって生きていくことでしょう。

大祈願

神の御心《みこころ》の光の源より
光をあまねく人の心に流れ入れさせ給え
光を地上に降《くだ》らせ給え

神の御心の愛の源より
愛をあまねく人の心に流れ入れさせ給え

キリスト〔Christ〕よ　地上に戻られ給え
神の意志　明らかなる中心より
大目的が人の貧《とぼ》しき意志を導かん事を――
如来〔Masters〕は大目的を知りこれに仕え給う

我らが人類と呼ぶ中心より
愛と光の大計画を成させ給え
悪の棲処《すみか》の扉を封じ給え

光と愛と力とをもて
地上に大計画を復興させ給え
（アリス・A・ベイリー著、石川道子訳『キリストの再臨』、6―7頁、シェア・ジャパン出版、1997年、〔　〕内は筆者による原語補充）

これは、秘教家アリス・ベイリーによって提唱された祈願文です。『キリストの再臨』の「訳者あとがき」によると、ベイリーは、１９１９年から30年間にわたって最高位の高次魂である方（ベイリーは「ジュワル・クール覚者」と言っています）からメッセージを受け取り、膨大な秘教文献を世に伝えた人です。

「キリスト」や「如来」は至上の叡智、すなわち高次魂を意味しており、キリスト教や仏教を前提としたものではありません。ベイリーは、キリストの意味を次のように表現しています。

「キリスト教徒によってキリストと呼ばれる偉大な個性」（同、７頁）

私たちの視点からは、「大目的」は人類が天の摂理にそって生きること、「大計画」は資本主義と国民国家を超克した地球惑星社会を実現すること、と理解できます。日々唱えることによって、神との結びつきが強くなるでしょう。

大祈願について、天にその評価を尋ねました。

大祈願はとてもよくできている。これを唱えると神々はとても力づけられる。人々の心はこれを唱えることによってとても高まっていく。（大祈願の文）そのままで神の言葉としてもらってよい。

謝辞

本書を著すにあたって多くの先行研究の成果を用いさせていただきました。本書末尾にその一覧を掲載しました。ありがたく思っています。そのなかで、とくに魂にかかわる体験のさまざまな事例を使わせていただいた、イアン・スティーヴンソン著、笠原敏雄訳『前世を記憶する子どもたち』と『前世の言葉を話す人々』、ジム・B・タッカー著、大野龍一訳『リターン・トゥ・ライフ』、奥野修司著『魂でもいいから、そばにいて』、西田みどり「前世記憶をもつ子どもたちの調査研究」、細見和之「震災のなかのひとりの死者」には心から謝意を表します。筆者自身も、阪神大震災の復興まちづくり支援を行い、その過程で被災者から予知夢と思われる話を聞き、それを採録した経験があります。奥野氏の東日本大震災後における多くの被災者への聞き取りは精彩であり、その御苦労に頭が下がる思いです。

いささかユニークなところがある本書の意義を理解していただき、出版のルートに乗せてくださったナチュラルスピリット社長の今井博揮氏に深甚の謝意を表します。また、編集にあたって多大なサポートをしてくださった山田可実さん、田中智絵さんに心からお礼申し上げます。本書が多くの読者に息長く読んでいただけることを願っています。

参考文献など一覧

●C・G・ユング著、W・パウリ著、河合隼雄・村上陽一郎訳『自然現象と心の構造』海鳴社、1976年（原書1955年）
●C・G・ユング著、河合隼雄他訳『ユング自伝』みすず書房、1巻1972年、2巻1973年（原書1963年）
●ジム・B・タッカー著、大野龍一訳『リターン・トゥ・ライフ』ナチュラルスピリット、2018年（原書2015年）
●西田みどり「前世記憶をもつ子どもたちの調査研究－スリランカの転生のケースを中心に」『大正大学研究紀要』101号、2016年
●イアン・スティーヴンソン著、笠原敏雄訳『前世を記憶する子どもたち』日本教文社、1990年（原書1987年）
●奥野修司著『魂でもいいから、そばにいて 3・11後の霊体験を聞く』新潮社、2017年
●イアン・スティーヴンソン著、笠原敏雄訳『前世の言葉を話す人々』春秋社、1995年（原書1984年）
●照井翠「三・一一 神はゐないかとても小さい」『毎日新聞』「余禄」、2021年3月11日朝刊
●北海道大学理学部生物科学科高分子機能学「真性粘菌」 https://life.sci.hokudai.ac.jp/mf/keywords-for-learning/k420
●M・L・キング著、雪山慶正訳『自由への大いなる歩み――非暴力で闘った黒人たち』岩波新書、1959年

●黒﨑真著『マーティン・ルーサー・キング――非暴力の闘士』岩波新書、２０１８年
●『朝日新聞』「１７５万年前から職人技 １００万年かけ進化跡 エチオピアで石器出土」、２０１３年1月29日朝刊
●『しんぶん赤旗』「チンパンジーの同種殺し 競争相手減らす戦略」、２０１４年9月18日
●田近英一著『凍った地球――スノーボールアースと生命進化の物語』新潮選書、２００９年
●青木薫著『宇宙はなぜこのような宇宙なのか 人間原理と宇宙論』講談社、２０１３年
●松井孝則「誰が宇宙を微調整したか」『毎日新聞』、２０１７年2月3日夕刊
●プラトン著、鈴木照雄訳『プラトン』世界文学大系3「饗宴」、筑摩書房、１９５９年
●井筒俊彦著『神秘哲学 ギリシアの部』岩波文庫、２０１９年
●加島祥造著『タオ―老子』筑摩書房、２０００年
●井筒俊彦著『意識と本質 精神的東洋を索めて』岩波文庫、１９９１年
●波留久泉『TECH+』「波動/粒子の二重性、電子の経路情報と干渉の発現の関係を理研などが解明」２０２１年1月22日 https://news.mynavi.jp/article/20210122-1666554/
●ファインマン、レイトン、サンズ著、砂川重信訳『ファインマン物理学 V 量子力学』岩波書店、１９７９年
●アーヴィン・ラズロ著、吉田三知世訳『進化の総合真理』バベル・プレス、２００６年
●松本善之助監修・池田満編著『定本ホツマツタヱ―日本書紀・古事記との対比―』展望社、２００２年
●『Universal Forum』ＨＰ「フトマニ図の意味と活用方法」auwa.sakura.ne.jp/forum/Japan/148huto4.html

●泉恵機、大谷大学ＨＰ、「生活の中の仏教用語　天上天下唯我独尊」https://www.otani.ac.jp/yomu_page/b_yougo/nab3mq0000000qsb.html
●Ｊ・Ｌオシュマン著、帯津良一監修『エネルギー療法と潜在能力』エンタプライズ、２００５年
●Ｊ・Ｌオシュマン著、帯津良一監修『エネルギー医学の原理』エンタプライズ、２００４年
●永井洋一「科学するスポーツ２ 周辺視」『しんぶん赤旗』、２００９年９月８日
●細見和之「震災のなかのひとりの死者」笠原芳光・季村敏夫編『生者と死者のほとり 阪神大震災・記憶のための試み』人文書院、１９９７年
●Ｃ・Ｇ・ユング著、高橋義孝他訳『ユング著作集２ 現代人のたましい』（再版）日本教文社、１９７２年
●岡村康夫著『無底と戯れ　ヤーコプ・ベーメ研究』昭和堂、２０１２年
●松山壽一著『叢書シェリング入門１ 人間と悪』萌書房、２００４年
●『聖書 新改訳』日本聖書刊行会、１９７０年
●シェリング著、渡辺二郎訳「人間的自由の本質」『世界の名著 続９』、中央公論社、１９７４年
●アリス・Ａ・ベイリー著、石川道子訳『キリストの再臨』シェア・ジャパン出版、１９９７年

◉ 著者紹介

星川光司（ほしかわ こうじ）

1944年生まれ。社会科学を専攻する元大学教授。社会理論や現代社会問題の研究と教育にたずさわってきた。40歳代に、マルクスの命題「意識とは意識された存在である」の系といえる「存在は人間によって意識される」という受動態の文を「存在は己をして人間に意識せしめる」という自己使役形（近年説かれている「中動態」）に変換することによって、「人間の意識は存在（宇宙存在）の自己意識である」という命題に到達した。そのころ、創造健康学園（木村裕昭氏主宰）に参加し、スピリチュアルな世界の理論と実践の基礎を学んだ。60歳になって2005年から研究会「Universal Forum of Spirit and Science」に参加し研鑽を積んだ。2012年、その研究会において「天とのコミュニケーション」が可能となり、天から多くのメッセージを得た。その内容をまとめることが大事であると考え、本書の刊行にいたった。

［連絡先］ universaltaichi@jcom.zaq.ne.jp

カバーと帯の写真　星景写真家 宮坂雅博氏撮影
AstroArts（https://www.astroarts.co.jp/photo-gallery/photo/3316.html）より採録。

人類は自らを救うことができるのか

天からのメッセージを読む

●

2023年2月25日　初版発行

著者／星川光司

装幀・DTP／細谷 毅
編集／山田可実

発行者／今井博揮
発行所／株式会社 ナチュラルスピリット
〒101-0051 東京都千代田区神田神保町3-2 高橋ビル2階
TEL 03-6450-5938　FAX 03-6450-5978
info@naturalspirit.co.jp
https://www.naturalspirit.co.jp/

印刷所／創栄図書印刷株式会社

ISBN978-4-86451-428-6 C0011